21世紀ラテンアメリカの挑戦

ネオリベラリズムによる亀裂を超えて

地域研究のフロンティア

村上勇介 編

CIAS

京都大学
学術出版会

本書は 京都大学教育研究振興財団の平成26年度
研究成果物刊行助成を得て刊行された

目　次

序　章　ネオリベラリズム後のラテンアメリカ ················· [村上勇介] 1
　Ⅰ　ラテンアメリカの歴史的転換と今世紀のポストネオリベラリズム状況　4
　Ⅱ　急進左派と穏健左派の分岐点　6
　Ⅲ　本書の分析　11
　Ⅳ　社会の亀裂の克服に向けて —— ラテンアメリカ政治の今後　16

第Ⅰ部　紛争や格差に向き合う民主主義

第1章　運動と統治のジレンマを乗り越える
　　　　　—— エクアドルのパチャクティック運動と祖国同盟の展開過程を手がかりに
　　　　·· [新木秀和] 23
　はじめに　25
　Ⅰ　政党システムの崩壊と新興政党の出現 —— ネオリベラリズムによる政党政治の再編　26
　Ⅱ　パチャクティック運動の躍進と衰退
　　　—— 先住民運動による脱ネオリベラリズムの提案　30
　Ⅲ　祖国同盟とコレア政権の展開 —— 左派政権による脱ネオリベラリズムの実践　33
　Ⅳ　コレア政権と先住民運動の関係 —— ポストネオリベラリズムの方向性と分岐点　37
　おわりに —— 運動と統治のジレンマを乗り越えるための争点政治の可能性　39

第2章　コロンビアにおける和平プロセスの政治性
　　　　　—— 国内紛争の展開から見た新自由主義改革による政治の不安定化
　　　　·· [千代勇一] 43
　はじめに　45
　Ⅰ　二大政党制と新自由主義改革　46
　Ⅱ　非合法武装組織と二大政党制下の和平プロセス　49
　Ⅲ　ポスト二大政党制期における政治の不安定化　54
　Ⅳ　政治の安定化の試み　59
　Ⅴ　国民の不満とその行方　62
　おわりに　67

第3章　ポストネオリベラリズム期ペルーの社会紛争と政治の小党分裂化
　　　　·· [村上勇介] 69

i

はじめに —— 制度化しないペルー政治とそのゼロ年代　71
　　Ⅰ　所得再分配を伴わない経済成長　72
　　Ⅱ　大統領の不人気と社会紛争の増加　79
　　Ⅲ　実効的な政策に関する合意ないし了解の欠如　82
　　Ⅳ　2011年選挙過程　87
　　おわりに —— 有力な左派政党の不在と政治の制度化の課題　95

第Ⅱ部　政党政治の安定化と課題

第4章　ブラジルにおける争点政治による政党政治の安定化と非エリート層の台頭 ……………………………………………［住田育法・村上勇介］101

　　はじめに　103
　　Ⅰ　1985年の民政移管まで　104
　　Ⅱ　ネオリベラリズムの浸透 —— 民政移管からコロルまで　107
　　Ⅲ　カルドーゾ政権から労働党政権へ　112
　　おわりに　117

第5章　ネオリベラリズムと周辺国型社民主義
　　　　　—— ウルグアイのケース ……………………………［内田みどり］119

　　はじめに　121
　　Ⅰ　ウルグアイとネオリベラリズム　122
　　Ⅱ　民政移管後のネオリベラリズム的政策　125
　　Ⅲ　ネオリベラリズム政策の有効性と正統性への疑問　131
　　おわりに —— 周辺国型社民主義の今後　139

第6章　チリにおける政党システムの硬直化と政治不信
　　　　　——「二名制」選挙制度がもたらす「駆け引き政治」の落とし穴 ……［浦部浩之］143

　　はじめに —— 堅調なチリの政治経済と政治的無関心の増大　145
　　Ⅰ　「二名制」と「コンセンサス政治」の定着　149
　　Ⅱ　「二名制」の弊害　151
　　Ⅲ　コンセルタシオンの不和と2009/10年選挙における敗北　158
　　Ⅳ　政治の市民からの乖離　160
　　おわりに —— 政治家を選ぶのはだれか　165

　参考文献　169
　索引　181

序章

ネオリベラリズム後のラテンアメリカ

村上勇介

扉写真：ペルー・アンデス高地での地方選挙運動。

ネオリベラリズムの導入によって，ラテンアメリカ諸国は概ね経済的には落ち着いた。しかし，それに伴ってより拡大した社会格差をいかに埋めるか，実践的な模索が各所で取り組まれている。

本書の目的は，世界で最も早い1970年代にネオリベラリズム（新自由主義，国家の役割を縮小する考え方）に基づく改革が始まったラテンアメリカにおける政治の現状を分析することである。特に，1990年代末以降，ネオリベラリズム路線への批判が強まり，「ポストネオリベラリズム」と呼べる時代に入ってからの政治に焦点を合わせている。

　過去30年間，ラテンアメリカ諸国は，国家社会関係のあり方について模索を続けてきた。輸入代替工業化を中心とする国家主導型経済開発に代表され，1970年代までの約半世紀の間，標榜されてきた「国家中心モデル」は同年代終わりまでに破綻した。それに代わり，1980年代からは，グローバル化の進展を背景にネオリベラリズムへの転換が図られ，「市場中心モデル」が基調となった。しかし，「市場中心モデル」の下では，マクロ経済レベルの安定と発展は可能となったものの，歴史的，構造的にラテンアメリカ諸国が抱えてきた格差や貧困，いわば，社会の亀裂を克服するまでには至らなかった。そのため，1990年代末以降，ネオリベラリズムの見直しを求める勢力が台頭し，多くの国で政権を握る「左傾化」現象が観察されてきた。

　ただ細かく観察すると，現在のラテンアメリカは，1990年代のような，全体として一定の支配的な方向に向かいつつあるというよりは，まだら模様の状態である。ネオリベラリズムを堅持している国が存在する一方，「国家中心モデル」への回帰を志向する場合や，市場原理の原則は維持しつつも社会政策などで国家の役割を強める中間路線の例がある。大きくは，こうした3つの方向性が観察されてきている中で，歴史的背景の違いなどから，国ごとに多様な過程を呈している。他方，ネオリベラリズム改革以降，さまざまな矛盾を抱えつつも安定化してきた国もあれば，社会紛争を克服し調和を実現する糸口を見出せず，不安定な国もある。いずれにせよ，ネオリベラリズムを支持する立場の右派勢力も，格差や貧困といった社会経済の課題を無視できなくなっている。ネオリベラリズム全盛の時代は過ぎたという意味で，ラテンアメリカはネオリベラリズム後（ポストネオリベラリズム）の時代に入っている。本書は，前述のようなラテンアメリカの政治展開を読み解いた上で，ネオリベラリズム改革期を経て，その着地点を探す「実験」を行っている同地域における政治の現在を分析する[1]。

I　ラテンアメリカの歴史的転換と今世紀のポストネオリベラリズム状況

　ラテンアメリカは，1980年代から1990年代に，歴史的転換と呼ぶべき変化を経験した。それは，「民主化」と一括される民主主義（代表制民主主義）への移行とネオリベラリズム経済路線の導入である。1990年代，米州（南北アメリカ大陸の国々）全体のベクトルがこの2つの方向を向いていた。だが，現在では，そうした「統一感」は完全に失われている。

　「民主化」に関しては，1970年代末以降，多くの国で軍事政権から民政への移管が起こり始め，1990年の時点で，公正かつ透明な選挙の洗礼を経ない政権はキューバとメキシコにのみ存在した。後者では，71年続いた権威主義体制が2000年に終焉した。非民主的だった旧来の政治支配の崩壊以降，民主主義の経験に乏しい国の多いラテンアメリカは，政党政治による民主主義の定着という課題に取り組んできた。

　他方，ネオリベラリズムの拡大と推進は，それまでの国家機能を縮減させ，1930年代前後以降に追求されてきた国家主導型発展モデルから，市場経済モデルへの転換をもたらした。この転換は，前者のモデルの限界が1970年代に明らかとなったことに原因があった。その下では，輸入代替工業化が推進されたものの，植民地時代から続く大きな社会的格差を背景とする偏狭な国内市場を満たしてからは，発展が続かなかった。国内の資本不足を補うための対外債務も，限界に達していた。1970年代に発生した国際的な経済危機は，状況を悪化させ，超高率インフレを招いた。1980年代には，いくつかの国で年間のインフレ率が4桁から5桁に達した。

　経済的困難に直面したラテンアメリカ諸国は，ネオリベラリズムに従って，

---

1)　ここでポストネオリベラリズムという表現を使っているが，この「ポスト」の意味は，ネオリベラリズムを「脱した」，という意味ではない。ネオリベラリズム全盛の時代は過ぎた，という意味で，ネオリベラリズムがなくなっているわけではない。英国の政治社会学者クランチの「ポスト・デモクラシー」のポストと同義である［クランチ 2007］。また，国際関係は本書の射程外であるが，ポストネオリベラリズムの状況は，米州（南北アメリカ大陸の国々）におけるアメリカ合衆国の覇権低下と密接に関わっている。そして，アメリカ合衆国の覇権低下を受け，ラテンアメリカ諸国には，アメリカ合衆国から自立しようとする動きが強まっている。だが，自立への動きはアメリカ合衆国に対し敵対的な姿勢をとることを自動的に意味するわけではない。また，ラテンアメリカ諸国全体として，アメリカ合衆国と敵対しているわけではない。そうした点からすれば，ラテンアメリカを「反米大陸」と一括するのはミスリーディングである。

構造改革による経済調整と市場志向の経済運営を進めることを余儀なくされる。歳出と歳入を均衡させるため，下層の生活を支える目的の補助金などを含め，歳出が削られた。国家による経済や市場の統制は緩和ないし撤廃され，国営企業の民営化，外国資本や民間資本による投資が促進された。それらの政策により，国家の役割と規模は以前と比べると大幅に縮小した。総じて，一連の改革は，超高率インフレを終息させ，経済を安定化させた。1990年代半ばからは，ほとんどの国で年率のインフレが一桁の数字に落ち着き，経済は成長を取り戻した。

対照的に，ミクロ経済的，構造的な問題については，十分な成果は達成されなかった。たとえば，ジニ係数は悪化する傾向が一般的である。また，就業率はほとんど横ばいで改善せず，インフォーマルセクターも拡大した[2]。中央と地方の間の地域間格差も一層開いた。

経済が安定化ししばらくすると，人々は安定を当然のこととして捉えるようになる。そして，格差，雇用，貧困など，悪化したミクロ経済的，構造的な問題に関心を向けた。1990年代終盤には，そのころ発生した国際的な経済危機を契機に，ネオリベラリズムへの批判が高まった。そうした潮流の中から，左派勢力が台頭し，政権に就く例が今世紀に入って増加した。その左派には，大別すると，ネオリベラリズムを徹底的に批判し，20世紀に追求されたような，積極的な役割を担う国家の必要性を主張する急進派と，マクロ経済の面ではネオリベラリズム路線を踏襲し安定を維持しつつ，社会政策や貧困対策の拡充を重視する穏健派の2つが存在する。前者は，ベネズエラ，エクアドル，ボリビアなどで，後者はブラジル，ウルグアイ，チリなどが代表的である。アルゼンチンは，両派の中間に位置する［遅野井・宇佐美 2009］。

ただし，ラテンアメリカは左派一色に染まったわけではない。メキシコやグアテマラ，コロンビアなど，ネオリベラリズム派が支配的な国も存在する。地域全体から見れば，2つの左派とネオリベラリズムという3つの路線がせめぎ合っている状況にある。

また，実際にとられる社会経済政策は，急進左派グループを含め同じグループに分類される国の間でも，各国の状況を反映し相違が観察される［Flores-Macías 2012; Levitsky and Roberts 2011］。たとえば，急進左派の代表であるベ

---

2) 詳しくは，村上［2013: 211］の表6-2を参照。

ネズエラは，その豊富な石油資源による収入を背景に，国家の役割を拡大する路線を邁進してきた[3]。それに対し，自然資源を有しつつもその収益はベネズエラの水準には遠く及ばないエクアドルやボリビアの経済社会政策は，その急進的な言説ほどには国家介入主義には傾いていない。

さらに，それぞれの路線を追求する中で，成果にもばらつきが生じている。2000年代に起きた第一次産品（コモディティ）輸出ブームに乗って，それを十二分に活用し大きく飛躍したブラジルやチリといった国がある。他方には，同ブームの恩恵は受けつつも再分配政策の成果が十分でなく格差が解消の方向に向かっていないペルー，ボリビア，エクアドルなどや，第一次産品輸出ブームとはあまり関係のない，グアテマラなどの中米諸国も存在する。格差と分裂は，ラテンアメリカの多くの国の内部だけでなく，米州レベルでも進んでいるのである。

政治の面では，民主主義の枠組みが維持されない例が出始めている。急進左派が政権に就いたベネズエラ，ボリビア，エクアドルといった国で観察される現象である。それぞれの大統領（ベネズエラのウゴ・チャベス，ボリビアのエボ・モラレス，エクアドルのラファエル・コレア）が司法権や選挙管理機関を含むほかの国家権力を実質的に支配し，長期政権化する。選挙は実施されても，公正，透明とはいえない代物である[4]。

このような代表制民主主義の制度的後退は，1990年代には考えられなかったことである。その背景には，アメリカ合衆国の圧倒的な影響力の下で，米州が地域全体として民主主義の枠組みを維持しようと努力したことがあった。それが，2000年を境に左派勢力のブラジルやベネズエラなどが地域レベルで台頭し，アメリカ合衆国の力が後退したのである。

II　急進左派と穏健左派の分岐点

近年のラテンアメリカにおける左派の台頭は研究者の関心を集め，その原因

---

3) ベネズエラの石油輸出先の第一位は，アメリカ合衆国であることはよく知られている。
4) たとえば，2009年のボリビアでの大統領選挙について，投票所ごとの結果など選挙結果の詳細が公表されなかった。このようなことが1990年代に起きていたとしたら，米州機構は，少なくとも選挙の有効性に疑念を呈したはずである。米州機構が結局は公正と認めなかった2000年のペルーの大統領選挙の時ですら，ペルーの選挙管理機関は，投票所ごとの結果報告をすべてスキャンしCDで野党を含む全政治勢力に渡した。

に関してはすでにいくつかの研究が提出されている[5]。そうした議論を踏まえ，総括的に説明しているのが Levitsky and Roberts［2011: 7-11］である。両者は，左傾化の要因を，長期的構造要因，短期的な状況要因，波及要因の3つに分けて捉える。まず構造要因は，格差社会と選挙競合の制度化である。ラテンアメリカには，植民地以来の構造的な問題として，不平等と貧困が存在する。貧困に喘ぐ下層は，社会の大半を占め，左派が，再分配や社会権拡充を旗印に支持を獲得できる潜在的支持層となる。そして，不安定な政治が続いた歴史を持つラテンアメリカにおいて，多くの国ではじめて20年以上にわたり民主主義が維持される中で制度化した選挙における競合は，左派勢力が正当な参加者として選挙過程に加わり，さらには，要求を実現するための有効な選択肢となったことがある。

以上の長期的な傾向の下，1980年代から1990年代にかけてのネオリベラリズム路線の浸透，ならびに1998年から2002年までの国際的な経済危機の影響が短期的な状況要因として作用した。社会経済格差は，ネオリベラリズム路線の浸透によりむしろ拡大した。さらに，1998年の国際的な経済危機によってもたらされたマイナス成長や貧困，失業の増加が，左派勢力台頭の契機となった。この経済危機により，ネオリベラリズムの推進勢力に対する批判が有権者の間で強まり，同路線を批判ないし否定する左派勢力が支持を伸ばしたのである。

こうして発生した左派の台頭を促進したのが，第一次産品輸出ブームと拡散効果という波及要因である。危機を克服し拡大基調に入った2002年以降の国際経済により生じた第一次産品輸出ブームにより，ラテンアメリカは年平均5.5%の急成長を遂げる。これは，すでに成立した左派政権の再選を可能にした。同時に，国家収入が増大し，より国家介入主義的な再分配政策の実現を容易にし，左派勢力台頭の拡散効果を帰結した。

すでに指摘したように，左派といっても，大別すれば，急進と穏健の二派に分かれる。分かつ要因について考察するには，ネオリベラリズムの影響をより詳細に検証する必要がある。具体的には，ネオリベラリズム改革の政党システムへの影響である。その詳細な検討はすでに行っている［村上 2013; Murakami

---

5） 論文集として，遅野井・宇佐美［2008］，Cameron and Hershberg［2010］，Castañeda and Morales［2008］，Levitsky and Roberts［2011］，Weyland et al.［2010］など参照。先行研究の概観は，上谷［2013］を参照。

2013］ので，以下では，本論の議論を展開する上で必要な点について示す。その論点を明確にするため，ラテンアメリカの先発工業化国（アルゼンチン，ブラジル，チリ，メキシコ，ウルグアイ）ならびに後発工業化国の代表としてアンデス諸国（ボリビア，コロンビア，エクアドル，ペルー，ベネズエラ）の計10ヶ国を具体例として行論する。

最初に注目すべき点は，ネオリベラリズム改革が軍政といった非民主的な政治の下で実施された国が存在することである。ネオリベラリズム改革が非民主的な政権によって推進され，民政移管後に行われた改革が大きな規模ではなかった例（チリ，ウルグアイ，ブラジル[6]など）がある。他方，民政移管後に文民政権が進めたネオリベラリズム改革の占める規模がほかの国と比較して大きい国が存在する（ペルー，ボリビア，アルゼンチンなど）。両者の間の中間例もある（エクアドルなど）。

前述の点を念頭に置きつつ，続いて政党と政党システムの変化について概観する。ここで注目するのは，選挙変易性（electoral volatility）である。選挙変易性は，ある選挙とその前に実施された選挙の得票率の差を基に計算され[7]，特定の政党が一定の支持を続けて得ていれば数値が低くなり，支持を得あるいは失って選挙ごとに大きく得票率が異なると数値が高くなる。つまり，政党への支持が安定していれば数値は小さくなるのである。

2000年以降の傾向として，比較的低い水準で，選挙変易性が安定化を示している国（ブラジル，チリ，メキシコ，ウルグアイなど）と，高いレベルにある不安定な国（アルゼンチン，ボリビア，コロンビア，エクアドル，ペルー，ベネズエラなど）に，大別できる（図 序-1）。

安定化傾向を示している国では，非民主的な政治の下でネオリベラリズム改革がかなりの規模で推進されていた。これに対し，選挙変易性が高い国々では，いずれも，民政移管後にネオリベラリズム改革が大規模に実施されてい

---

6) ブラジルは，民主的な国会議員選挙が実施された1985年に民政移管したとされることが通例である。その1985年以降に導入されたネオリベラリズム改革の規模で見ると，ペルー，ボリビア，アルゼンチンの大きな規模の改革が行われた国になる。しかし，1985年の選挙後も，軍の直接的な影響力が残っていた。それが消えるのは1990年になってからである。1990年以降のネオリベラリズム改革の規模は，チリ，ウルグアイと同程度の小さいものであった。

7) 本論の選挙変易性は，メインウェリングとスカリの研究［Mainwaring and Scully 1995］に従い，差の絶対値を合計した和を2で割った値を大統領選挙と議会選挙（二院制の場合は下院議会選挙）各々について求め，その平均の数値を使っている。

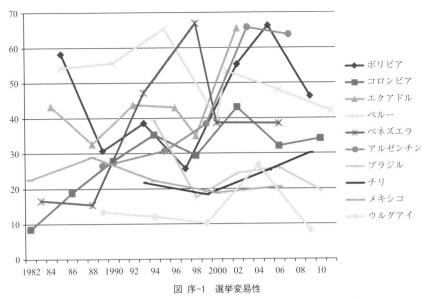

図 序-1 選挙変易性

出典：Nohlen［2005a; 2005b］ならびに各国の選挙管理機関のホームページに基づき筆者作成。

た。

　続いて，ネオリベラリズム改革の政党への影響を見る。第一に，民政移管後の民主政治を担った政党が衰退し政党システムが不安定となった場合でも，ネオリベラリズム改革が関わっていない場合がある。本論の事例ではペルーとベネズエラがこれに当たる。両国の主要政党が衰退した原因は，程度の違いはあれ，国家主導型発展モデルの限界による経済や社会の不安定化にあった。その後，主要政党とは無関係の「アウトサイダー」（ペルーのフジモリとベネズエラのチャベス）が政権に就き，政策を遂行する中で主要政党が力を失い政党システムが崩壊した。ただ，経済路線は正反対であった。ペルーではネオリベラリズム改革が強力に推進されたのに対し，ベネズエラではそれに対する批判が優越した。

　前記2ヶ国を除き，政党システムが不安定化した事例では，ネオリベラリズム改革の帰結だったことが明確である。たとえば，ボリビアは政党間の連合政治によって，アルゼンチンは中道左派のペロニスタ党政権によって，ネオリベラリズム改革が進められ，超高率インフレを抑えるなど，その成果により多くの国民はこれを当初は支持した。しかし，貧困や格差などのミクロ的，構造的

な問題が改めて認識され，1990年代終わりの国際的な危機もあり，民政移管後の主要政党は国民の支持を失った。エクアドルは，社会の不安定化が深刻でなかったことからネオリベラリズム改革の推進は遅れて始まったが，ボリビアのように連合政治で進められた。その後，同改革を進めた政党政治に対する批判が起こり，それを支えた政党は衰退した。コロンビアでも，伝統的な二大政党制の下で徐々にネオリベラリズム改革が進められ，1990年代終わりにはその二大政党制が崩れた。

　他方，数としては少数派となるが，ネオリベラリズム改革の進展過程を経ても，政党システムが安定化傾向を示してきた国が存在する。典型的にはウルグアイである。同国は，ネオリベラリズム改革推進の中心となったコロラド党の力が衰えたものの，その代わりに，議会で着実に勢力を伸ばし政権に就いた左派の拡大戦線が二大政党制の一翼となって，政党システムの安定化傾向の基調を崩さなかった。ペルーなどとともに制度化していない政党システムであったブラジルでも，ネオリベラリズムを進める過程で，議会を舞台に，右派から中道左派までの推進派勢力と，徐々に勢力を拡大してきた労働者党を中心とする批判派の，二大勢力化が起こり，安定化してきた。また，チリとメキシコでは，ネオリベラリズム改革を実施した非民主的な政治支配（前者は軍事政権，後者は権威主義体制）の下で勢力を伸ばした連合組織や政党が定着した。

　安定化した例に共通しているのは，ネオリベラリズムという争点を軸として，政党システムの制度化が進んだことである。この制度化で重要なのは，ネオリベラリズム改革が進められる過程において，それに批判的な人々の受け皿となり，かつ議会で徐々に勢力を伸ばすか継続的に一定の勢力を保持できる能力を持つ左派政党の存在である。チリとメキシコでも，受け皿となる連合や政党の継続的な存在が観察された。

　ネオリベラリズム批判の受け皿となる連合や政党の継続的な存在の重要性は，不安定化した国と比較すると明らかとなる。ブラジルと同じように連合政治の下でネオリベラリズム改革が進んだボリビアとエクアドルの例では，先住民運動など社会運動としては批判が表出されたが，議会で一定の勢力を誇示できる存在となるには時差が伴った。「アウトサイダー」の下でネオリベラリズム改革が行われたペルーや，二大政党や二大政党と関係した人物の下で同改革が進められたコロンビア，ベネズエラでも，そうした左派政党の存在はなかった。ペロニスタ党が主な推進主体だったアルゼンチンでも，継続的なプレゼン

スを有する，不満や批判の受け皿となる政党勢力は誕生しなかった。

　これは，ネオリベラリズム改革を推進した政党や勢力，人物の政治的力がそれだけ大きかったことを意味する。他方，それは，ネオリベラリズムへの強い反発を生む土壌ともなった。安定化傾向の国と比べて，不安定化した国では，より短期間でネオリベラリズム批判勢力が伸張し，急進化する例（ボリビア，エクアドル，ベネズエラなど）も見られた[8]。

　別の観点からすれば，次のようにいえる。超高率インフレ対策など経済安定化のためにネオリベラリズム改革が必要だった時期には，それを推進する勢力の存在で十分であった[9]。その目的が達成され，ネオリベラリズム改革の負の面が強く認識されるようになる次の段階で，同改革への不満や批判を吸収し表出できる政党が存在する，ないしは次第に勢力を拡大する，という条件が満たされるか否かが，分かれ目となった[10]。

III　本書の分析

　冒頭で述べたように，過去30年間，ラテンアメリカ諸国は，国家社会関係のあり方について模索を続けてきた。その模索は，未だ結論に達しているわけではない。しかし，現在までの傾向としては，ネオリベラリズムに関しては，ネオリベラリズムを堅持する国，「国家中心モデル」への回帰を目指す国，市場原理の原則は維持しつつも社会政策などで国家の役割を強める国がある。他方，ネオリベラリズム改革以降，さまざまな矛盾を抱えつつも政党政治が安定化してきた国もあれば，社会紛争を克服し調和を実現する糸口が見出せずに不安定な状態にある国もある。いずれにせよ，ネオリベラリズムが支配的であった時期は過ぎたという意味で，現在のラテンアメリカはポストネオリベラリズ

8）　ただし，コロンビアでは，左派勢力の伸長は限定的である。それは，半世紀近くにわたり続いてきている左翼ゲリラとの内戦状態から，左派勢力への支持が広まりにくい構造が存在しているためである。

9）　その勢力には，連合政治を支えた政党から権威主義的な大統領まで，バリエーションがある。

10）　本書では中米の国々を取り上げていないので詳細に説明することはしないが，ネオリベラリズム改革で政党システムが不安定化し，左派勢力がタイミングよく現れなかったのがグアテマラ，ネオリベラリズム改革後にそれを批判する左派系勢力が現れて安定したのがエルサルバドルとコスタリカ（前者はウルグアイ，後者はメキシコの過程と類似），ネオリベラリズム改革を推進した伝統的な二大政党が支持を落としてきているホンジュラス（コロンビアの過程に類似）である。

ム期にある。

　本書は，ポストネオリベラリズム期のラテンアメリカの現状を分析し，今後の展望を描くことを試みる。第Ⅰ部は，民政移管後の民主政治の下でネオリベラリズム改革が実施され，その推進役を果たした勢力による政党政治が不安定化した国を取り上げ，格差や紛争といった課題に直面している状況を分析する。続く第Ⅱ部では，近年，政党政治が安定化傾向を示す国に焦点を当てる。

　第Ⅰ部では，ネオリベラリズム路線に対する批判が顕著になった段階で，その不満の受け皿となる左派勢力がタイミングよく現れなかったエクアドル，コロンビア，ペルーを分析する。

　第1章は，民政移管とネオリベラリズム路線の導入という20世紀終盤のラテンアメリカにおいて台頭してきた新たな市民運動を背景とするエスニック政党を分析する。その最初の事例であるエクアドルのパチャクティック運動の盛衰の過程を追い，社会運動から統治を担う主体へと変わっていくことの困難さを分析する。

　エクアドルは，1979年の民政移管以降，政権党を中心に，ネオリベラリズム路線を推進する緩やかな連合政治が展開し，そこに既存の左派勢力も加わった。そうした中，ネオリベラリズム路線に対する批判は，エスニック運動という形で表出される。その中心となったのが，第1章が対象とするパチャクティック運動である。ただ，同運動は，議会に一定の勢力を有する政治勢力にはならなかった。ネオリベラリズムを推進した政党政治が国民の支持を失って崩れ，エクアドルの政治は不安定化する。エクアドル政治が一定の安定性を回復するには，学者出身のコレア現大統領が率いる急進左派勢力の台頭を待たなければならなかった。

　パチャクティック運動は，先住民運動を主たる推進力としつつ，それ以外の社会運動とも連携を模索し，自らの要求の実現を企図してきた。そして政治参加と政権参加の機会を経る中で，人事やポストをめぐる個人および構成集団の離合集散が起こり，それが内部の緊張と対立，支持基盤と幹部層との乖離を惹起した。最終的には，そうした内部状況を利用され，コレア急進左派政権への踏み台という役割を担わされる。現在，パチャクティック運動は，かつてほどの影響力は有していない。

　第2章は，半世紀以上にもわたる国内武力紛争を抱えるコロンビアを対象とする。コロンビアは，19世紀に起源を持つ保守党と自由党という2つの政党

による政党政治が長く続いてきた国で，ネオリベラリズム路線も，両党により，1980年代以降，推進された。両党の政治への影響力が強かっただけに，ネオリベラリズム路線への批判が高まった1990年代半ば以降に，その批判の受け皿となる左派勢力は出現しなかった。1990年代以降，コロンビアの二大政党制は崩れるが，既存政党から飛び出した有力政治家が個人政党を結成し，今日までのコロンビア政治を支え，ネオリベラリズムの基本路線を堅持してきている。

コロンビアの政党政治で一定の政治力を持つ左派勢力が現れない背景には，1950年代末から活動している左翼ゲリラの存在が，多くの国民に左派に対する嫌悪感を醸成する傾向もある。そして，その左翼ゲリラが一定の勢力を保持できている原因としては，対決路線か和平路線か，左翼ゲリラに対する二大政党勢力の姿勢が一貫してこなかったことが大きい。第2章では，国内武力紛争の克服に向け，主に，今世紀に入って政権を担った2人の大統領のとった政策を比較し，それらが段階的に展開してきたことを示す。まず，2002年から2010年まで二期続いたウリベ政権は，治安強化と左翼ゲリラに軍事的圧力をかける一方，公正・和平法という新しい法的枠組みを制定しパラミリタリー（右翼武装組織）との和平プロセスを実現した。また，紛争の終結をにらみ被害者補償に対する取り組みも実践された。2010年からのサントス現政権は，左翼ゲリラとの和平プロセスに取り組んできた。前政権から距離を置き，リベラル色の強い政策を指向し，紛争被害者補償と土地の返還に取り組みつつコロンビアの繁栄を目標として掲げている。それが実を結ぶかは今後の課題であるが，左翼ゲリラとの交渉が2012年から開始されることとなった。主要な政治課題に関する政策の非一貫性が，政治過程を混乱に陥れる帰結となることを，劇的な形で示しているのがコロンビアである。

第3章は，2000年に崩壊したフジモリ政権後のペルーがテーマである。ペルーも，1990年代のフジモリ政権期に進められたネオリベラリズム路線に対する批判が起こり始めた同年代後半以降，有力な左派勢力が現れなかった事例である。1980年の民政移管以降，展開したペルーの政党政治は，巨額の対外債務と超高率インフレに代表される経済の不安定化と，反政府武装集団によるテロ暴力の拡大を前に，なす術をまったく知らず，1980年代末までに，国民の信頼と支持を失った。その政党政治の一角を左派勢力が占めていた。ペルーでは，フジモリという，それまでの政党政治とは関わりがなかった人物が率い

る政権がネオリベラリズム改革を推進した。1990年代後半に強権化したフジモリ政権は，2000年に自滅するが，そうした過程において，ネオリベラリズム路線に対する批判の受け皿となる左派勢力が安定的に存在することはなかった。

ゼロ年代のペルーでは，ほかのラテンアメリカ諸国と同様，第一次産品輸出ブームを背景にマクロ経済が好調な一方，貧困，失業，低賃金，格差といった問題が未解決のままとなってきた。この時期に登場した中道と中道左派の政権は，マクロ経済政策はフジモリ期以来のネオリベラリズム路線を踏襲し，国家を通じた所得の再分配を遂行できなかった。こうしたことから，外国からの投資が盛んとなった鉱山開発をめぐる問題を中心に社会紛争が頻発してきた。政党などの政治勢力が，有力な個人を中心に結成，運営され，それぞれが少数勢力として存在する一方，個々の個別的利益を拡大することを目指し相互に覇を競い合う権力闘争に埋没する，というペルー政治の伝統的な特徴が根強く残っていることが背景にある。

直近の2011年選挙過程，またこの過程から成立したウマラ政権下でも，前述の状況はまったく変わっていない。もともとは急進左派を標榜していたウマラも，それ自体としては少数勢力であり，選挙に勝つため，主張を穏健化して中道左派路線を示した。だが，政権に就くや，少数与党のために政治基盤が脆弱なことから，ネオリベラリズム路線に利益を見出す勢力の圧力に押され，中道左派路線を全面的に展開することができない。政治的有力者を中心とする政治勢力が小党分裂化し，主要な争点をめぐり中長期的な合意や了解が形成されない政治過程が続いている。

第4章以下の第Ⅱ部は，ネオリベラリズム改革の負の面が強く認識される段階で，同改革への不満や批判を吸収し表出できる政党が存在する，ないしは次第に勢力を拡大する，という政党政治の安定化に向けた条件が満たされたブラジル，ウルグアイ，チリを取り上げる。

第4章は，ゼロ年代にBRICS[11]の一角として世界的に注目を集めるようになったブラジルを分析する。ブラジルは，少なくとも1980年代末までは，前出のペルーと並んで，政治的有力者を中心とした個人主義的な政党による小党

---

11) 経済新興国の総称。2001年11月にこの呼称が提唱された時は，ブラジル，ロシア，インド，中国の4ヶ国で，各国名の頭文字からつけられた。当初は，BRICsと綴っていた。2011年4月には南アフリカが加わり，以後，BRICSと表記される。

分裂の傾向が強い国で，その政党政治の将来は悲観されていた［Mainwaring and Scully 1995: 19-20］。それから 20 年以上を経た現在，両国の政治的安定度の相違は対照的である。ブラジルでは，ネオリベラリズムをめぐり，政治過程が争点政治化し政党政治が安定化した[12]。ブラジルは，本論が論じている安定化の事例であると同時に，1990 年頃に政治研究者が抱いていた見通しを肯定的な形で裏切った興味深いケースとなっている。経済の成功の裏には，政治が安定化する力学が働く「政治的奇跡」が起きていたのである。

　第 4 章では，まず，軍政までの不安定なブラジル政治を振り返り，エリート支配が続いてきたことを確認する。そして 1985 年の民政移管から 1990 年代はじめまでの政治経済状況を概観した後，1990 年代半ばから，ネオリベラリズム路線を争点として政党政治が二極を軸とする安定化に向かった過程を振り返る。そうした作業を通じ，下層の人々の支持を受けた貧しい出自の政治家が政権に就くという，はじめての出来事が持つ歴史的な意義の確認も行っている。

　第 5 章は，ブラジルと並んで穏健左派の典型とされるウルグアイを分析対象とする。軍政下で始まったネオリベラリズム路線は，1985 年の民政移管後も引き継がれた。だが，それに反対する拡大戦線の勢力が次第に強まり，ネオリベラリズム路線の推進で信頼を失った二大政党のうちの一つに代わり，二大政党の一角を占めるようになる。そうした政党政治の展開過程を追う中で，民営化に対する強い反発が生まれ，ネオリベラリズム路線が後退したことを分析している。その背景には，ネオリベラリズム路線自体の限界とともに，「バジスモ」と呼ばれる社会民主主義思想があった。「南米のスイス」と称された 20 世紀ウルグアイの基礎を作った，20 世紀はじめの大統領バッジェ・イ・オルドニェスの考え方は，ネオリベラリズムによっても駆逐されなかったのである。根強い社会民主主義思想の伝統を背景にしているとはいえ，ウルグアイの例は，ネオリベラリズム後に顕著となる経済社会アジェンダに正面から取り組む政治が重要かつ必要であることを確認している。

　第 6 章は，1990 年の民政移管後，20 年にわたり政権を担い，2009 〜 2010

---

12) ネオリベラリズムを争点として政党政治が二極化し安定する過程では，中道勢力が状況に応じて中道右派ないし中道左派と連立する動きを見せたことも重要であった［堀坂 2012: 51-53］。また，最近，ブラジルでは抗議活動が活発化している。これは，経済的な向上により誕生した新中間層が，社会的サービスの改善を求めたことが端緒であり，「成功のパラドックス」である。その先例は，2006 年にチリで起きた学生ストである。

年の選挙で政権交代した，中道・中道左派政党連合の下でのチリを総括する。穏健左派路線に分類される，この政党連合の政権は，軍政派と反軍政派の話し合いと妥協による民主化が実現したことを受け，与野党が慎重に合意形成を重ねる政治スタイルを引き継いだ。それを巧みに成し遂げ，チリの政治と経済は安定を享受するところとなった。特に，軍政期に進められたネオリベラリズム路線に対する不満の受け皿として，十分に機能した。しかし，この「交渉と合意形成の政治」は政治エリートによる集権的で技術的な「駆け引き政治」へと変貌し，政治の場を市民からかけ離れた「閉じた世界」へと追いやった。そうした状況を反映し，市民の無力感や政治的無関心が増大している。政治的無関心や社会からの政党の乖離など，安定した政党政治が直面する，先進諸国とも共通する課題を浮かび上がらせる事例である。

Ⅳ 社会の亀裂の克服に向けて
—— ラテンアメリカ政治の今後

　前述のような，ネオリベラリズム後におけるラテンアメリカ政治に関する本書の分析が指し示すものは何であろうか。ラテンアメリカ政治の今後を考える中で，本書に収めた論考の含意を述べてみたい。

　ネオリベラリズム期からポストネオリベラリズム期へと移行したラテンアメリカの経験においては，ネオリベラリズムという争点を軸にした政党システムの安定化の有無が鍵である。これに関連し，本書における考究が示す重要な点の一つは，提起されている経済社会問題を克服する方向性や政策をめぐる合意や了解である。二極の軸に収斂したブラジルの政党政治の中で追求されている「社会正義」［第4章］，再編されたウルグアイの二大政党制の中にも息づいている社会民主主義的な「バジスモ」路線［第5章］，中道・中道左派政党連合政権下チリの与野党が慎重に重ねた合意［第6章］，などが典型的な例である。いずれも，市場経済を前提としつつ，平等の実現を図り，自由とのバランスをとろうとする方向性である。

　そうした合意や了解は，広い意味での制度である。つまり，ある社会の成員の間で，特定の目的や価値の実現のために，明示的であれ暗黙のものであれ，承認，共有あるいは黙認される行動定型，規範，ルール，合意，了解事項として定義される制度［第3章］である[13]。

如上の意味での制度の重要性は，不安定化傾向を示す国の例からも指摘できる。たとえば，ペルーでは，主要アクター間の対立が伝統的な基調となっていて，合意や了解が形成されない政治に特徴づけられてきた。そして，今日に至るまでその傾向に改善が見られず，ネオリベラリズム路線が引き続き優先的に追求される一方，その政治は不安定で現在も漂流したままである［第3章］。あるいは，半世紀以上続く国内武力紛争に悩むコロンビアは，ようやく左翼ゲリラとの本格的な交渉過程が始まることとなった。しかし，その成り行きに不安を感じさせる要因として，恩赦や真相究明の可否，ゲリラの社会復帰方法など和平実現のための諸課題自体の困難さに加え，いまやコロンビア政界を二分している前大統領派と現大統領派の間に和平プロセスをめぐる了解が成立していないことがある［第2章］[14]。

　ネオリベラリズム期に，エクアドル以上に鮮明な形で，合意と了解を基礎とする，比較的安定した政党政治を経験したボリビアも，ポストネオリベラリズム期までにそのダイナミズムが崩壊し，経済社会問題の克服策をめぐる対立の政治が展開した例である。

　ボリビアでは，1982年の民政移管直後に経済が破綻し，ネオリベラリズムを推進する中道右派連合が成立した。その後，左派勢力もネオリベラリズム連合に加わり，1990年代半ばに，ネオリベラリズム路線に対する批判が強まり

13）　経済発展における制度の重要性は，アセモグルとロビンソンも指摘している［Acemoglu and Robinson 2012］。ただ，彼らの事例は，何十年以上にもわたる超長期の歴史過程で形成されてきた制度に焦点を合わせている。本書で取り上げているブラジルの例は，10～20年の単位であっても，主要な政治アクターの決定によって，効果的な制度が構築されることを示している。ただし，ブラジルの事例は，後述のエリート政治の限界も有している。カルドーゾとルーラという，強いリーダーシップを発揮できる政治家によって実現した面があり，両者と同レベルの政治力を持つ後継者が見当たらない状況にある。それは，個性の強い政治家が多いラテンアメリカ政治の伝統的な特徴の現れともいえ，同時に，これまでの同地域の歴史でもしばしば観察された課題である。

14）　ほかに，メキシコの与野党間で，具体的な経済政策に関する合意や了解が成立していないという例もある。2000年から2012年まで政権に就いた中道右派の政党と，2000年までの権威主義体制の支柱であった中道政党は，ネオリベラリズム的な経済理念を共有しているものの，ライバル意識が先行し，経済政策の面で協力関係を築くことができなかった［Aziz 2013］。麻薬問題に起因する暴力の拡大に加え，麻薬問題対策のみならず，経済政策をめぐる主要勢力間の合意や了解の欠如が，政党システムでは安定化傾向にあるものの，メキシコ政治の不確実性を増加させる背景にあるということができる。逆に，アルゼンチンには，「分配の合意」（consenso distributivo）が存在する［Aziz 2013］という。今世紀はじめにアルゼンチンの政治が一時的に不安定化するが，それが中長期にわたらなかった原因と考えることができる。

始めた時には，その受け皿となる有力な左派勢力が存在しなかった。そうした状況で，ネオリベラリズムを強く批判するエボ・モラレスが次第に支持を拡大した。ボリビア初の先住民系大統領として2006年に大統領に就任したモラレスは，「ネオリベラリズムの解体」と「脱植民地」のための諸政策を推進する一方，理想とする「多民族国家」の建設に向け，なりふり構わずに国内のヘゲモニーを確立することに心血を注いだ。2010年には，前年の選挙での勝利を受けて第二期政権に入った。だが，その後の足取りは，決して順調ではなかった。「変革の過程」の成果を求める身内や国民の声・不満の高まり，汚職・情実人事・ばら蒔き政治などの伝統的政治の残存，先住民居住地域における開発をめぐる地域住民と政府の対立に象徴される理念と現実のジレンマなどが顕在化してきた［遅野井 2008, 2010］。前出の制度の議論からすれば，モラレス派が主張する克服策に関する幅広い合意，了解は存在せず，その前途は多難である状況にあるということができる。ボリビアの事例は，「一人勝ち」を収め，それを背景に，統治を強引に進める政治の中長期的な不安定性，不確実性を照射している。ここ数年の好調なコモディティ輸出経済を背景に，2014年の選挙でモラレスは三選を果たし，2015年から三期目になったが，モラレスは前述の政治的課題を抱えたままである。

　ボリビアやエクアドル，そして本家であるベネズエラなど，現代のラテンアメリカにおける急進左派がモデルとするのは，カストロのキューバである。しかし，同国については，旧ソ連からの多大な支援の下，「社会主義のショーウインドー」として，平等社会を例外的に実現できたことが想起されることは少ない。かつ，人口が1,200万弱という小国であるがゆえに可能となった点や，カストロという，類まれな政治指導者に負っている部分も大きい。そして，いまや，キューバが，カリスマ的リーダーの老齢化とともに，民主化と経済の自由化の課題に直面する一方，その経済社会システムの持続性についての懸念が広がり，その行方が不透明となっている［山岡 2012］。そうした状況は，政策の方向性と持続性，それを支える強力なリーダーシップを独占する一政治家など，急進左派が権力にある国の課題と重なっている。同時に，市場メカニズムを活用しながら，平等の実現を追及するバランスの必要性を，別の角度から照射している。

　ただ，自由と平等を同時に実現することは易しいことではない。「平等をめざす社会において自由が失われ，自由に満ち溢れた社会では平等が保障されに

くい」ことは，歴史的に明らかとなってきたことである［猪木 2009: 373］。そうした課題に関し，ポストネオリベラリズム期のラテンアメリカの事例が示していることは，平等の実現を理念とする政党が継続的に一定の勢力と存在を保ち，政権交代によって平等の実現に向けた実効ある政策を進め，自由によって拡大した格差や貧困を是正し，バランスをとる必要性である。

さらに，自由と平等のバランスのためには，一度や二度の政権交代では済まないことも指摘しなければならない。政党政治という点では，ブラジルが，小党分裂化による政治の停滞を争点政治により打破する「政治的奇跡」だったことを示した。だが，このブラジルを含め，16 世紀から 19 世紀はじめにかけての植民地時代から引きずっている格差，貧困というラテンアメリカの構造的な問題は，数年間にわたる一政権の施政によって劇的に変わるわけではない。また，経済社会発展により新たに登場した中間層の新たな社会経済的要求（社会的サービスの質の向上など）も加わり，政治は常に挑戦的な課題に直面し続ける。そこで，中長期的に政権交代を繰り返しつつ，自由と平等のバランスをとっていくことが肝要となる。アメリカ合衆国に関し，約 30 年の周期で，自由と平等が交代して時代精神となっていることが指摘されている［シュレジンジャー 1988］。それは，各々の理念を体現する二大政党が持続的に存在することから可能となっている。そうした側面からも，ネオリベラリズム路線を掲げる政治勢力だけでなく，それに批判的で，平等を理念とする体系的かつ実効的な政策を有する政治勢力が一定の規模で継続的に存在することが，今後のラテンアメリカ政治の動向の鍵を握ることが指摘できる[15]。

ただし，合意と了解の政党政治は，チリの例が語るように，エリート主義に陥る危険性を伴っていることも念頭に置かなければならない［第 6 章］。少数エリートによる支配の傾向が政党自体に組み込まれており[16]，政治の理想的なあり方はなかなか実現しないことの好例である，ということがある。同時に，地域的な特徴からも，エリート主義の傾向は強くなっている点に注意しなければならない。ラテンアメリカは，カリスマ的リーダーに依存するエリート政治

---

15) 別の観点からいえば，自由と平等の各々を代表する勢力の交代によって中長期的に両者のバランスをとるのか，あるいは主要な政治勢力（政党）間の合意ないし了解によって両者のバランスの方向性を確保するのか，ということになる。西欧の事例から，多数決民主主義と合意形成型民主主義を分類したレイプハルトの議論［Lijphart 1999］に繋がる。
16) ドイツの社会学者ロベルト・ミヘルスが提唱した「寡頭制の鉄則」である。

の伝統が強い。これは，急進左派の課題とも通底している。そうしたエリート主義の克服に向けては，政治家の自覚と自己統制に加え，それを監視する市民社会や国民の役割が重要になる。

　市民社会や国民による監視の手段として，またその意識を高める契機として，公式なアカウンタビリティ制度の構築が契機となった例としてメキシコがある。メキシコは，2000年に71年に及んだ権威主義体制が終焉を迎え民主的な政権交代が起きた。同国では，1990年代に入り徐々に民主主義への移行過程が進行する。その過程で中道右派の国民行動党，権威主義体制を背負ってきた制度革命党，中道左派の民主革命党の3党による政党政治が固まった。その下で，貧困削減政策をめぐるアカウンタビリティ制度が確立し，社会支出の政治的動機に基づく恣意的分配を抑止する制度が構築された。そうした制度の構築の背景には，「政党間競争の高まり」と「市民社会の活発化」という要因が複合的に作用し，改革に賛成することが自らの政治生命の維持に有利と判断することで，政治勢力が制度改革を支持したことがあった［Takahashi 2008］。市民社会や国民の存在と意識という点も，ラテンアメリカ諸国の今後を左右する重要な課題である。

　ただ，市民社会などが統治に近づく過程では，人事や政権獲得に多大な関心が傾注され，社会の亀裂を克服するための主要争点をめぐる政策議論が軽視されることがある［第1章］。ラテンアメリカで政党システムが安定化した少数の事例が示すように，基軸として常に，自由と平等に関連した国政の主要課題をめぐる争点政治が据えられていなければならない。そうした，いわば「民意集約型政党」［飯尾 2007: 235］がどれだけ定着するか。それが，第一義的には，今後のラテンアメリカ政治を左右する点として忘れてはならない，というのが本書の分析が示すことである。

第Ⅰ部

紛争や格差に向き合う民主主義

第1章

運動と統治のジレンマを乗り越える
── エクアドルのパチャクティック運動と祖国同盟の展開過程を手がかりに

新木秀和

扉写真：エクアドル先住民連合（CONAIE）による街頭デモ（2015年1月）。

ネオリベラリズムの浸透によって，それまで安定していた政党システムが崩壊する中，エクアドルでは，脱ネオリベラリズムを目指した先住民による政治運動が興隆した。
（写真：アフロ／ロイター）

はじめに

　現代ラテンアメリカにおける脱ネオリベラリズムの過程には，運動としてそれを主張する社会運動組織の立場と，統治者としてそれを推進する政権党の立場とがあり，それぞれの立ち位置は基本的に異なると想定される。また，1980年代以降の民主化過程のもと政党システムの危機状態が発生した場合，その再編過程で新たな政治勢力が台頭し，政党＝運動と自己規定するそれらの組織体が，運動としての局面と統治者としての局面の間でジレンマを抱え込むことがあった。そのようなジレンマへの対応として，政治アクター間の争点政治を議会で展開する必要性や有効性が認識され，議論の対象となってきた。
　そこで本論は「運動と統治のジレンマ」を克服する重要性と，そのために議場で争点政治を展開する必要性に着目し，ラテンアメリカでも一つの典型例になり得る事例としてエクアドルの場合を取り上げ，経緯と現状，条件などを検討する。
　エクアドルでは1979年の民政移管を経て，1980年代の民主政権のもとで構造調整政策が継続され，1990年代にはネオリベラリズム経済政策が本格的に導入された。そのネオリベラリズム改革を批判して反対運動を展開したのは，社会運動組織，とりわけ1990年の全国蜂起で政治の舞台に登場した先住民組織とそれが結成した左派政党であった。その後，1997年から2006年にかけて政党政治の不安定化に伴い政治危機が深化したものの，新興政党の結成を機にコレア政権が成立すると，与党勢力の増大と一定の政治的安定がもたらされる中で，脱ネオリベラリズム路線に基づく一連の諸政策が打ち出されてきた。その新たな段階において，先住民など社会運動組織の政党もコレア政権の与党も，争点を明確にして競争し，連携や協力を模索することが求められている。
　ネオリベラリズム改革の時期や政党政治の安定度に着目すると，ラテンアメリカ諸国の中でエクアドルは，民主政治の下でネオリベラリズム改革が推進された国の例に含まれ，同時に，ネオリベラリズム批判の受け皿となる中道左派勢力が安定的に勢力を拡大することができず政党政治が不安定化した例でもあると捉えられる。
　このような問題意識に基づく本論の目的は，エクアドルの新興政党としてパチャクティック運動（MUPP-NP）と祖国同盟（Alianza PAIS）を取り上げ，それらの展開過程を手がかりにネオリベラリズムの過程における運動と統治のジレ

ンマを検討し，それを乗り越えるための条件を考察することにある。各組織の発展をエクアドル政治に位置づけて論じる先行研究は散見されるが，政党システムの変容・再編過程と関連づけながら新興政党の役割に焦点を当てる研究は多くはない。前述のような枠組みで運動と統治の関連性を検討する研究も希少であるため，本論ではそれらの点に焦点を当てる。

　本論の構成を示すことで内容を明確にしたい。第Ⅰ節では，1990年代における政党システムの崩壊とその間隙をぬって登場した新興政党について整理し，ネオリベラリズムの深化がもたらした政党政治の再編過程を跡づける。第Ⅱ節では，新興政党として先住民組織を主な基盤とするパチャクティック運動を取り上げ，この組織＝運動による脱ネオリベラリズムの主張と施策について考察する。第Ⅲ節では急進左派政権とされるコレア政権のさまざまな取り組みを脱ネオリベラリズムの文脈で理解するために，与党となった祖国同盟を取り上げ，政権成立の前後における状況，政権による具体策とその意味について検討する。第Ⅳ節では，第Ⅱ節と第Ⅲ節での検討を比較し，コレア政権と先住民運動の関係性をポストネオリベラリズムの方向性と分岐点として整理する。そして最後に全体のまとめを提示して，本論の結論とする。

Ⅰ　政党システムの崩壊と新興政党の出現
── ネオリベラリズムによる政党政治の再編

1　エクアドルにおけるネオリベラリズム

　まず，ラテンアメリカのネオリベラリズムに関する先行研究に照らして，エクアドルにおけるネオリベラリズムの時期や特徴に関する要点を整理しておく[1]。

　ネオリベラリズムの開始時期はいつであろうか。エクアドルにおけるネオリベラリズムは，1992年成立のドゥラン政権（1992～1996年）から開始したというのが一般的な共通認識である。エクアドルでネオリベラリズム経済路線の先鞭をつけたのは，1980年代半ばのフェブレス政権（1984～1988年）だが，実際に経済自由化が進展したのはドゥラン政権以降のことである。それは，

---

1) エクアドルのネオリベラリズムに関する研究として，村上 [2013: 217-220]，Andrade A. [2009]，Czarnecki y Sáenz [2014: 113-120]，Minteguiaga [2012: 45-58] を参照。

1979 年の民政移管に伴う民主体制の確立と変容の過程に応じたものであり，開発における国家の役割という点で，1960 年代から 70 年代に支配的であった国家中心型マトリクスから市場中心型マトリクスへの転換［村上 2013: 202-203］を意味した。つまり，ドゥラン政権が導入したネオリベラリズム路線を，後続の諸政権（ブカラム，マワ，グティエレス各政権）が深化させようとしつつも，そうした試みに失敗していく過程として理解できる[2]。したがって，この過程を経て 2007 年に登場したコレア政権は，ネオリベラリズムの負の遺産に対抗しつつ，そこからの脱却を目指すポストネオリベラリズム路線を担う政権として位置づけられる。換言すれば，現代エクアドルにおいては 1992 年から 2006 年までの時期がネオリベラリズム政権期として把握されているのである。またその時期は，民主化過程で確立した政党政治システムが崩壊に向かい，その間隙から新興政党の出現をもたらす過程でもある。

1992 年に成立した保守派のドゥラン政権は，1993 年末には国家近代化法を制定してネオリベラリズム路線を強力に推進し，いくつかの分野で CONAIE（エクアドル先住民連合，Confederación de Nacionalidades Indígenas del Ecuador）と対立した。ドゥラン政権と CONAIE の対立が最も激化したのは農業分野へのネオリベラリズム政策の導入をめぐる問題であった。政権は 1993 年に農業開発法（Ley de Deasrrollo Agrario）を定めて，農業部門の自由化を進めようとした。その法案は農業部門の自由化により共同体の土地を市場原理に委ねようとするものであった。実際，1978 年憲法では 4 つのタイプの土地所有形態（私的所有，公的所有，混合的所有，共同体的所有）が認められていたが，その法案には私的所有のみを認めるという規定が盛り込まれたため，CONAIE は，先住民共同体にとって不可欠の共同体的土地所有が否認されることになると真っ向から反対したのである。1994 年 6 月，CONAIE による動員で農業開発法に反対する先住民蜂起が発生した。「生活のための動員（Movilización por la Vida）」と呼ばれる抗議行動である。結局それが大きな圧力となって，農業開発法には，共有地と水利権の保護や金融支援を加味する方向へと大幅な修正が施された。

1996 年 8 月から 1997 年 2 月までのブカラム政権では，アルゼンチンのカバロ元経済相を顧問に迎えてカレンシーボード制（通貨スクレを米ドルに連動させる通貨制度）を導入する計画が検討されるなど，後のドル化政策につながるネ

---

2) エクアドルの政治変動については，新木［2009: 315-341］を参照。

オリベラリズム路線が継続された。ブカラム政権崩壊後のアラルコン政権も構造調整に基づくネオリベラリズム路線を継続した。

1998年8月に成立したマワ政権もネオリベラリズム路線を強力に推し進めようとして,経済危機を招いた。1999年に入ると経済危機が発生し,やがて自国通貨スクレの価値の暴落傾向が強まった。そして政権への不満が次第に高まり,大統領退陣を求める動きが表面化する。これらの苦境を打開する目的でマワ大統領は2000年1月6日にドル化宣言を行った。通貨スクレを米ドルに交換するというラディカルな政策である。その後,2000年1月から2003年1月までのノボア暫定政権の政策を特徴づけるのは,マワ政権の政策が継続され,特にネオリベラリズム政策の極地といえるそのドル化政策が実行に移されたことである。ノボア政権は,経済建直しを旗印に一連の構造調整政策を継続し,また国営企業などの民営化に向けた法制度の整備を主眼にする国家近代化法(通称トロリーバス法)を成立させた。しかしながらエクアドルの場合は,同政権の前後でも,また2000年代に至るまで,国営企業の民営化はほとんど進展しなかった。

このように民主政治の基盤が変容し危機的な状況を呈する一方で,ネオリベラリズム経済路線が徐々に浸透し,そうした政治危機の背景を成すに至るのである。

2　連合政治とネオリベラリズム改革

1979年以降1990年代中葉までのエクアドル政治では,4つの主要政党が基盤を固めていた。アンデス高地を基盤とするDP(人民民主党,Democracia Popular,1977年結成,中道右派)およびID(左翼民主党,Izquierda Democrática,1978年5月結成,中道左派),海岸部を基盤とするPSC(キリスト教社会党,Partido Social Cristiano,1951年結成,右派)およびPRE(エクアドル・ロルドス党,Partido Roldosista Ecuatoriano,1983年1月結成,ポピュリスト系)である[Pachano 2006]。エクアドルの場合に特徴的なことは,ネオリベラリズム改革を推進する連合政治が議会における秘密裏の連合形成の形をとったことである。それは「幽霊連合(ghost coalitions)」と呼ばれ,ウルタド政権(1981〜1984年),ドゥラン政権(1992〜1996年),およびマワ政権(1998〜2000年)の時期にそれぞれみられた。この連合政治は主要政党間の合意を軸に展開されて市場経済原理

表 1-1　エクアドル大統領選挙の推移

年	候補	政党	一次投票 得票率（％）	決選投票 得票率（％）
1978, 1979	ハイメ・ロルドス	CFP	27.7	68.49
	シクスト・ドゥラン	PSC, PCE	23.86	31.51
1984	レオン・フェブレス	PSC	27.2	51.54
	ロドリゴ・ボルハ	ID	28.73	48.46
1988	ロドリゴ・ボルハ	ID	24.48	54
	アブダラ・ブカラム	PRE	17.61	46
1992	シクスト・ドゥラン	PUR	31.88	57.32
	ハイメ・ネボ	PSC	25.03	42.68
1996	アブダラ・ブカラム	PRE	26.28	54.47
	ハイメ・ネボ	PSC	27.17	45.53
1998	ジャミル・マワ	DP	34.91	51.16
	アルバロ・ノボア	PRE	26.6	48.83
2002	ルシオ・グティエレス	PSP, MPD, MUPP-NP	20.43	54.38
	アルバロ・ノボア	PRIAN	17.37	45.62
2006	ラファエル・コレア	PAIS, PS-FA	22.84	56.57
	アルバロ・ノボア	PRIAN	26.83	43.62
2009	ラファエル・コレア	PAIS	51.99	
	ルシオ・グティエレス	PSP	28.24	
2013	ラファエル・コレア	PAIS	57.17	
	ギジェルモ・ラソ	CREO	22.68	

出典：CNE（全国選挙審議会）データに基づき筆者作成。

が貫徹され、そのもとで社会および政党システムの相対的安定が達成されていた［Mejía Acosta 2004；上谷 2010：293；村上 2009：105；村上 2013：219-220］。大統領選挙の推移についてまとめた表 1-1 からもそのような傾向は読み取れる。

しかし、政治経済危機が表面化し、社会運動勢力の「路上の政治」が力を増す中で、1990 年代中葉には政党システムが機能不全となった。ネオリベラリズム改革を進めた連合政治に対する批判が起こり、それを支えた政党システムが衰退することにつながったのである。それは、1979 年以降、断片化しながらも定着していたエクアドルの「ポスト 1979 政党システム」であり、その政党システムの崩壊を意味した［上谷 2008, 2008, 2010］。すると、その間隙をぬう形で新興政党が姿を現した。その典型がパチャクティック運動であり、コレアの Alianza PAIS である。

こうして 1990 年代から 2000 年代前半にかけて深化してきたネオリベラリズ

ム政策に対し，それを批判する反対勢力の急先鋒となったのが，まず1990年代に政治場裡に登場した先住民組織と，その肝いりで結成されたパチャクティック運動であり，またAlianza PAISを軸として2007年に成立したコレア政権であった。

第Ⅱ節と第Ⅲ節では，それぞれの政治アクターとなる政治運動（政党）を順に取り上げ，それぞれの政治運動を取り巻く状況と特徴，ネオリベラリズムとの関係について検討する。

Ⅱ　パチャクティック運動の躍進と衰退
 ── 先住民運動による脱ネオリベラリズムの提案

1　パチャクティック運動の結成と躍進

1995年に結成されたパチャクティック運動は，選挙戦略を展開するとともに，ネオリベラリズムに対する反対勢力として存在感を増していった。ここでは，1990年代後半から2000年前半にかけての時期を対象として，パチャクティック運動の盛衰を時の権力との関係から跡づける[3]。そして，パチャクティック運動や先住民運動による脱ネオリベラリズムの提案内容について整理する。

1995年6月から1996年2月にかけて先住民組織の選挙戦略を担う運動体が結成される。1996年1月31日から2月1日までのCONAIE全国大会において選挙参加が決議され，その1ヶ月後にパチャクティック新国家多民族統一運動（Movimiento de Unidad Plurinacional Pachakutik-Nuevo País, MUPP-NP, 以下「パチャクティック運動」と表記）の結成が正式承認された[4]。パチャクティック運動の躍進は，既成の左派政党が1990年代を通じて勢力を弱めていった局面で，それらの言説や空間を奪う形で生じた現象であると考えられる［Alcántara Sáez y Marenghi 2007: 76, 82］。

---

3) パチャクティック運動の躍進と衰退については，新木［2014: 58-71］，宮地［2014: 194-203, 209-213, 240-244, 259-261］，Becker［2011］，Barrera［2004］，Carvajal A.［2004: 6-9］，Collins［2004: 38-57］，Freidenberg y Alcántara S.［2001: 235-264］，Mijeski and Beck［2011］，Oña Gudiño［2010］，Sánchez［2008: 209-231］，Sánchez y Freidenberg［1998: 65-79］，Van Cott［2005: 99-139; 2008: 134-174］を参照。

4) パチャクティックとはキチュア語で「変革・再生＝新時代の到来」を意味する。

パチャクティック運動の選挙参加と選挙結果についてまとめると次のようになる。

1996年5月の大統領選挙では，中道左派のIDと連携を組んで，元テレビアンカーとして人気があるフレディ・エレルを大統領候補に擁立して，約20％の得票率を獲得し，第3位につけた。また国会では8名の議席を獲得し，国政における位置を確立した。地方の選挙結果を見ると，ほかの左派政党との連携により全国22県のうち17県で候補を擁立し，合計で76の地方議会議員のポストを獲得しており，運動の躍進が印象づけられる。

2002年10月の大統領選挙では先住民運動の内部対立が表面化した。パチャクティック運動は結局，ルシオ・グティエレスおよび彼の政党である愛国協会党（Partido Sociedad Patriótica, PSP, 2002年3月結成，ポピュリスト系）と連携してグティエレスを大統領候補に擁立した。この選挙連合が11月の決選投票を経てグティエレスを大統領の座に就かせる原動力になった。

2　パチャクティック運動によるグティエレス政権参加

2003年1月のグティエレス政権発足に際し，政権合意により，パチャクティック運動から先住民政治家2名（ニナ・パカリ外相とルイス・マカス農牧相）が入閣したことは，先住民政治家の政権参画という点で歴史的に注目される出来事であった[5]。こうしてパチャクティック運動を通じて先住民運動や社会運動を取り込むことに成功したグティエレスだが，次第に与党連合のきしみが表面化していくのは避けられなかった。選挙公約に反し，グティエレスがネオリベラリズム路線を一層強める傾向を見せたため，先住民運動からの反発を呼び込むことになった［Lucas 2003］。

実際，政権の経済政策は当初からネオリベラリズム色が濃いものであった。マウリシオ・ポソ経済相が辣腕をふるい，大統領がそれを強力に支持しながら，国際金融機関の意向に沿った緊縮・構造調整型の政策が押し進められている。選挙公約ではネオリベラル路線を痛烈に批判していたグティエレスがそれに反する行動をとり，このことがパチャクティック運動やCONAIEとの溝を

---

5) ほかにもパチャクティック運動から党員3名（いずれも非先住民）が観光相，教育相，内務相として入閣した。

広げる要因になった。政権内部では発足直後から対立が表面化しており，その結果7ヶ月後の2003年8月にPSPとパチャクティック運動の連合は解消されて後者が離脱し，大幅な閣僚の交替が行われた。

　CONAIEの勢力を恐れたグティエレスは，懐柔と抱き込みの戦略を持って先住民運動の切り崩しを図った。まず大統領は，CONAIEがCODENPE（エクアドル先住民開発審議会，Consejo de Desarrollo de las Nacionalidades y Puebloss del Ecuador）などの国家機関をコントロールする権限を奪った。またアマゾンの先住民組織を抱き込もうと，アントニオ・バルガスを社会福祉相に任命し，CONAIE内部にかねてから生じていた地域組織間の対立を深めさせた。グティエレスは，こうしてCONAIEの分断を図るとともに，福音派先住民組織であるFEINE（エクアドル福音派先住民連盟，Federación Ecuatoriana de Indígenas Evangélicos）[6]と連携した。

　そもそも，グティエレス政権に参画するという選択はCONAIEに代表される先住民運動にとって，政策実行の可能性だけでなく危険を伴う政治的決断であった。選挙キャンペーン中には反ネオリベラリズムの言説を主張していたグティエレスは，しかし，大統領就任後は従来の政権にも増してIMFに忠実にネオリベラリズム路線を採用し，この変節ぶりに先住民運動は強い批判を加えた。同時に，与党連合に加わったことへの自己反省と，政府の権威主義的傾向に対して新たな戦略の建直しを求められた［Barrera 2004］。

　本節のまとめとして，パチャクティック運動と脱ネオリベラリズムの提案について整理したい。パチャクティック運動は，CONAIEに代表される先住民運動の意向を反映して，ネオリベラリズムへの批判と反対，そしてネオリベラリズム政策を転換するための脱ネオリベラリズムを提起していた。その政策理念は異文化共生性（interculturalidad），多元性（pluralidad）および多民族性（plurinacionalidad）に基づく多様性（diversidad）の尊重であり，政治プランとしてネオリベラル・モデルへの反対（oposición al modelo neoliberal），反ネオリベラリズムの政治社会同盟（alianza política y social antineoliberal），連帯経済の促進（impulsar la economía solidaria）などを掲げた。2006年3月の「多民族国家の民主政府プラン（plan de gobierno democrático del estado plurinacional）」においてもそのよ

---

6)　FEINEは2000年11月にスペイン語の組織名称をConsejo de Pueblos y Organizaciones Indígenas Evangélicas del Ecuador（エクアドル福音派先住民組織審議会）へと変更して，現在に至る。ただし，FEINEという略称に変更はない。

うな趣旨が貫かれていた。

III　祖国同盟とコレア政権の展開
　—— 左派政権による脱ネオリベラリズムの実践

1　祖国同盟とコレア政権の成立

　これまで見てきたように，労働運動などの左派勢力だけでなく，パチャクティック運動や先住民運動の勢力にも減退傾向が生じる中，都市住民層などを糾合して新しい政治勢力として急速に伸長したのが，ラファエル・コレアの運動＝政党となる祖国同盟であった。

　まず，祖国同盟（Alianza PAIS, AP）の成立過程や特徴について概観する[7]。Alianza PAIS あるいは Movimiento PAIS と呼ばれる政党ないし政治運動は，都市中間層，学生，左派知識人，人権活動家などの多様な人々と市民団体を糾合した組織である。略称で PAIS と称されるが，その名称は Patria Altiva I Soberana（偉大かつ尊厳ある祖国）の頭文字に由来する。同時に，PAIS はスペイン語で「国」を意味することから，その略称はこの意味合いも兼ね備えている。

　祖国同盟のホームページによれば，この組織は 2006 年 2 月に成立した。正式名称は Movimiento Alianza PAIS - Patria Altiva i Soberana である。その源流は市民社会の動向にあり，債務問題の解決を目指して 1999 年にグアヤキルで結成されたジュビリー 2000 にさかのぼる。その組織にコレアも参加したことがきっかけとなり，参加者の左派知識人集団が組織化の核となっていった。こうして，30 余りの政治社会組織から構成された政治連合として祖国同盟が結成されたのである。

2　コレア政権と脱ネオリベラリズム

　2007 年 1 月に成立したコレア政権は，急進的な反米・反ネオリベラリズムの傾向を打ち出し，ラテンアメリカの左派諸政権との連帯を模索して，「ラテ

---

7) 祖国同盟（AP）とコレア政権については，新木［2014: 70-79］，上谷［2008: 105-141］，Barrera［2008: 121-125］，Becker［2012: 116-136］，Conaghan［2008: 46-60］，De la Torre［2010: 157-172］，Larrea［2008: 126-132］，León Trujillo［2010: 13-23］，Ospina［2009b: 195-218］を参照。

ンアメリカの急進左派政権」の一つだと捉えられてきた[8]。大統領就任式の演説でコレアは「ネオリベラリズムの長く悲しい夜（larga y triste noche neoliberal）」に言及しつつ，ワシントン・コンセンサスに由来するネオリベラリズムを痛烈に批判した。

　コレア政権は「国家再建」を標榜しつつ，政治体制の変革を目指す「市民革命（Revolución Ciudadana）」[9]の実現に向けて憲法を改正し，貧困撲滅や汚職対策を重視する考えを示した。既存の政党や議会に批判的な大統領は，政権発足時の国会には与党候補を送り込まず，与党議席がない状態で政権運営に着手した。そして2007年4月，憲法制定議会の召集の是非を問う国民投票を実施して大差で勝利し，同年9月の制憲議会議員選挙では，与党Alianza PAISが最大勢力になった。それ以降は与党勢力の優勢が続き，大統領と行政府を支えてきた。コレア政権はやがて，ベネズエラのチャベス政権にならって，政策方針を「21世紀の社会主義」[10]と自称するようになった。

　社会経済面ではネオリベラリズムからの脱却を目指し，社会福祉政策の拡充やマクロ経済政策における国家の役割を重視する方針を表明した。コレア大統領は通貨のドル化に批判的な主張を繰り返してきたが，現実には脱ドル化は困難だとして政策を継続している。

　外交面では注目される政策を実行に移した。2009年9月には，10年間の契約期限が到来した米軍へのマンタ基地提供協定を打ち切り，米国主導の米州自由貿易圏（FTAA）に対抗してベネズエラやキューバなどが進める社会経済協定「ボリバル代替統合構想（ALBA）」（その後，米州ボリバル同盟に改称）に参

---

8) ラテンアメリカの左派政権に関する議論において，コレア政権は，チャベス政権やモラレス政権などとともに，「急進左派」に分類されることが一般的である。
9) 「市民革命（Revolución Ciudadana）」とは，与党Alianza PAISが打ち出した政策理念である。脱ネオリベラリズムに沿った経済社会開発面での国家の役割の回復，国家制度の再編，社会公正や環境配慮を組み込んだ持続的発展などを志向する。Alianza PAISの政策目標によれば，それは憲法革命，腐敗との闘い，経済革命，教育・医療革命，尊厳と主権の回復，ラテンアメリカ統合の模索などの柱からなるとされる。
10) 「21世紀の社会主義（Socialismo del siglo XXI）」とは，ドイツ系メキシコ人のハインツ・ディーテリヒ（Heinz Dietrich, 1943年～現在）が1996年頃に提唱した概念であり，2005年1月の世界社会フォーラムでチャベス大統領が引用してから国際的に知られるようになった。その後，ベネズエラに続いて，モラレス政権とコレア政権でも言説として表明され，政策理念に組み込まれた。ディーテリヒによれば，参加民主主義，民主的に計画された公正な経済，非階級国家，合理的・倫理的・美的市民という4つの柱からなり，20世紀の社会主義を修正した政策理念だと位置づけられる。

加し，域内諸国との結束を強めてきた。また「南の銀行」を通じた地域統合を積極的に推し進める。そして，2010年に南米統合連合（UNASUR）が創設され，その常設事務局がキトに設置された。

石油政策の刷新にも取り組み，OPEC再加盟，外国石油企業との開発契約の見直し，チャベス政権との協力などを実現した。特に石油の輸出収入を社会プログラムの資金に充てようとする政策（石油ポピュリズムと呼ばれる）を基盤として大衆的人気を集めようとしてきた。同時に，それまで石油収入の一部が債務返済に消えていた状況に対して債務監査を断行し，対外債務を3分の1以下まで大幅に削減した。つまり債務契約を徹底的に監査して，不正が発見された債務返済を拒否することで負担を減らし，融資のあり方の透明化を進めたのである。加えて，世界銀行とIMFの代表を国外退去させ，石油輸出収入を自国の社会政策に重点的に振り向けることを宣言した。

また，環境配慮を重要な柱とする2008年憲法を成立させ，それを背景としてヤスニ–ITTイニシアティブ[11]と呼ばれる国際的政策を推進していった。しかし，従来型の石油開発を進めながら鉱山開発にも乗り出したため，先住民組織など社会運動との対立を拡大させていくことになった。

コレア大統領は2009年および2013年の大統領選挙においていずれも過半数の得票を制して再選された。大統領候補が決選投票に至らず一次投票で当選を決したのは，1979年の民政移管以降の民主体制においてコレアがはじめてである。しかも2013年における現職大統領の再選も民主体制下では初であり，国会における与党・祖国同盟の多数派維持とも相まって，2014年現在も政権基盤は磐石となっている。

3 選挙制度の改革

コレア政権は，脱ネオリベラリズムとともに，伝統政党による支配（Partidoc-

---

11) ヤスニ–ITTイニシアティブとは，アマゾン地域の東端にあるITT鉱区（イシュピンゴ・タンボコチャ・ティプティニ鉱区，Ishpingo, Tambococha, Tiputini, 面積19万ヘクタール）での石油開発を放棄する代償として，見込まれる石油収入（約72億ドル）の半分に当たる36億ドル（10年間にわたり最低でも年間3億5000万ドル）の補填を国際社会に求めるという国際的な政策である。しかし，国連開発計画（UNDP）などとの協力で資金を集めたが目標に大きく届かなかったため，2013年8月にコレア大統領はイニシアティブを撤回して石油開発に着手すると表明した。

racia）との対決を標榜した。前述したように，祖国同盟が 2006 年選挙で国会議員候補を擁立しなかったことに，そのような姿勢は表明されていた。

コレア政権下においては 2008 年憲法および 2009 年の民主主義法典（Código de la Democracia）の制定によって選挙制度の変更がなされた。2008 年憲法では選挙を含む民主主義制度への広範な市民参加が規定され，三権に加えて市民参加と社会統制，および選挙の二権を含めた五権が定められたが，選挙を担う国家機関として，従来の選挙最高裁判所（Tribunal Supremo Electoral, TSE）が改編されて全国選挙審議会（Consejo Nacional Electoral, CNE）と選挙訴訟裁判所（Tribunal Contencioso Electoral, TCE）が創設された。また，新憲法の規定に従いながら，それまでは分散して存在してきた選挙関連の法規と規定（選挙法，政党法，選挙費用法など）が整理され，統合的法典として新たに民主主義法典が定められたのである。

この民主主義法典によれば，政党と政治運動は非国家的な公的組織である。その上で両者が区別された。すなわち，前者の政党は全国的性格を有し，原則や規約によって統制され，公的資金を受けられる。反対に後者の政治運動は，統治のあらゆるレベルに対応できるとされた。このことは全国レベルの組織でなくともよいという意味である。

また 2008 年憲法で定められた経過措置として，すべての政党は 2013 年 2 月の選挙までに再登録を義務づけられた。そのため CNE は，政党登録の署名に対する総合的な点検を実施し，その結果，虚偽署名とされた政党が資格を剥奪されることになった。その中には ID，UDC（Unión Demócrata Cristiana，2006 年に DP から名称変更）などの伝統政党や RED（Red Etica y Democracia，2005 年結成）などの新興政治運動のように，再登録に必要な署名数を獲得できなかったために解散に追い込まれた政党が含まれた。このことは，すでに崩壊していた政党システムの再編過程において，コレア政権下の制度改革を通じて伝統政党のいくつかに止めが刺されたことを意味した。

このような過程を受けて，2013 年 2 月の総選挙では，CNE によって正式登録された 109 の政治組織のうち，全国規模の政治組織は 12 政党（PSP, PSC, PRIAN, AVANZA, PRE, MPD, PS-FA, MUPP-NP, CREO, SUMA, RUPTURA, PAIS）[12] に制限されることになり，その他は県（provincia）レベルないし教区（cantón）レベルの政治組織となった。

Ⅳ　コレア政権と先住民運動の関係
—— ポストネオリベラリズムの方向性と分岐点

　先住民運動を含む左派の分断につながったコレアの台頭は，一部の左派勢力を支持に取り込みつつ，当初は先住民運動など社会運動との蜜月を過ごした後，それらとの対立を招き寄せた。コレア政権下の状況については「社会運動なき左派に向けて？（¿Hacia una izquierda sin movimientos sociales?）」［Ramírez Gallegos 2009: 90-92］という表現のように，先住民運動が代表してきた左派のアジェンダ（反ネオリベラリズム，反政党システムなど）と同じ場所をコレア政権が占め，新たな左派の台頭につながっているといえるが，それは社会運動を踏み台にした政治勢力として現れている。この過程は「CONAIE の危機（la crisis de la CONAIE）」［Ospina 2009a］と表現される状況である。

　2006 年に祖国同盟が旗揚げして選挙に乗り出した時，結成からすでに 10 年を経ていたパチャクティック運動にとっては，祖国同盟との選挙協力というテーマが大きな問題となった。そして，パチャクティック運動と先住民運動の間ではさまざまな動きが生じ，コレアとの協力を主張するグループとそれに反対するグループの間で姿勢の相違が生じた。コレアが若い頃に活動したことの

---

12)　これら 12 の全国政党のうち前述した 5 政党以外の 7 政党について概要を記しておく。
　　PRIAN（国民行動制度改進党，Partido Renovador Institucional Acción Nacional，2002 年結成，ポピュリスト系）：バナナ企業グループのオーナーであるアルバロ・ノボアを 1998 年，2002 年，2006 年の大統領候補とするが当選には至らず，2013 年 2 月の選挙では国会に議席を獲得できなかった。その結果，2014 年 7 月には CNE より解散を命じられた。
　　AVANZA（2012 年 3 月結成，中道左派）：2013 年選挙ではコレア再選を支持して国会で 5 議席を確保したが，その後は内紛を抱えた。
　　MPD（人民民主運動，Movimiento Popular Democrático，1978 年 3 月結成，左派）：マルクス・レーニン主義の伝統政党。2013 年選挙では左派統一会派の一翼を担うが，国会で議席を獲得できなかった。その結果，2014 年 7 月には CNE より解散を命じられた。
　　PS-FA（社会党拡大戦線，Partido Socialista-Frente Amplio，1926 年 5 月結成，左派）：社会党として長い歴史を持つ伝統政党であり，1995 年に FADI（左派拡大戦線，Frente Amplio de Izquierda）と融合して PS-FA となった。
　　CREO（Creando Oportunidades，2012 年 1 月結成，右派）：2013 年選挙でギジェルモ・ラソを候補にして 2 位につけ，国会で 11 議席を確保した。
　　SUMA（Sociedad Unida Más Acción，2012 年 11 月結成）
　　RUPTURA（Ruptura 25，2004 年 9 月結成，左派）：2005 年に発生したホラヒドスの反乱で中心的役割を果たし，コレア政権を支持してきたが，2013 年選挙では国会に議席を確保できなかった。その結果，2014 年 7 月には CNE より解散を命じられた。

あるコトパクシ県の先住民組織や，パチャクティック運動の支持基盤の一つである農民社会保険加盟者全国連合（CONFEUNASSC）のようにコレアとの連携を積極的に求める組織があった。他方，パチャクティック運動の内部では，かつてグティエレスと連携して失敗した苦い経験が「グティエレスの影（sombra de Gutiérrez）」となってよみがえり，同じ轍を踏まない保証が必要であるとの慎重な意見が強くなった。コレアの存在が圧倒的な祖国同盟との連携には，グティエレスのPSPとの連携と同様の危うさが感じられたからである［Martínez Abarca 2011: 87-88］。

　コレアの側は，パチャクティック運動を祖国同盟に取り込もうと，ルイス・マカスに対して副大統領のポストを提供しているが，マカスに拒絶された［Mijeski and Beck 2011: 105］。すなわち，かかるポストの提供を通じて選挙協力をコレアから要請されたCONAIEは，逆にコレアの方が副大統領候補になるべきだとして提案を断ったのである［León Trujillo 2010: 17; Harnecker 2011: 192-195; Martínez Abarca 2011: 89-90; Ospina 2009b: 201-204］。

　祖国同盟とパチャクティック運動との間には，対米自由貿易協定（FTA）の拒絶，マンタ空軍基地からの米軍撤退，憲法制定議会の発足など複数の選挙公約において共通点が多く，結果としてコレアの勝利が，パチャクティック運動や先住民運動，それに多くの左派による政策方針を吸収ないし横取りしてしまうことになる。実際，社会運動やCONAIE，パチャクティック運動が構築してきた主張の多くがコレアによって選挙キャンペーンに利用され，それらを取り込む形でコレアは勝利をつかんだといえる［Cordero 2008: 132, 135］。

　ほかの政権と同様にコレア政権も反対派の抱き込みや分断を図り，先住民運動や左派に亀裂を生じさせた。3つの先住民関連の全国組織のうちFEINEとFENOCIN（農民・先住民・黒人組織全国連合，Confederación Nacional de Organizaciones Campesinas, Indígenas y Negras），特に後者はコレア政権と全面的な協力関係を築くようになった［León Trujillo 2010: 16-17; Becker 2012: 117］。FENOCINのペドロ・デ・ラ・クルス代表（コタカチ出身の先住民指導者）は，2006年以降，コレアの支持者となり，2007年の制憲議会選挙および2009年の国会議員選挙では祖国同盟の議員として政治活動を継続している。また，1996年と1998年にパチャクティック運動と連携して大統領候補になったフレディ・エレルは，2010年にはコレア政権の観光相に就任しており，コレア支持の動きは社会運動の内部にも波及した。

これに対し，選挙時およびコレア政権初期においては協力姿勢を見せていたCONAIEは，コレア政権と次第に距離を置き始め，やがて，コレア政権の開発政策や経済優先指向を批判するようになった。両者の対立は，アマゾン東部のダユマ（Dayuma, オレジャナ県）における弾圧事件（2007年11月）を経て決定的となる。コレア大統領が，資源採掘政策に反対する人々を「テロリスト」と名指しして軍隊を派遣し，鎮圧を図ったからである。環境NGOに対する政府の強硬姿勢も社会運動との溝を拡大してきた。こうして，政府と先住民組織をはじめとする社会運動・市民運動との間に乖離が生じた。さらに，政府が鉱山開発に積極的な姿勢を見せつつ新鉱業法の制定に着手すると，先住民組織は2009年初頭から抗議行動を活発化するとともに，反政府の急先鋒になった［León Trujillo 2010: 18-19; Becher 2012: 125-127］。2009年には水資源法をめぐる攻防も先鋭化した。そして2010年2月27日，マルロン・サンティCONAIE代表は反政府の行進を招集し，コレア政権のネオリベラリズム政策に対抗する意思を表明している。このように，ネオリベラリズムの夜を脱したとするコレア政権に対して，その同じコレア政権が実際にはネオリベラリズム政策を強引に進めていると批判する先住民運動が対決姿勢を鮮明にしてきたのである。

おわりに
── 運動と統治のジレンマを乗り越えるための争点政治の可能性

　これまでの考察を踏まえると，ネオリベラリズムからの転換という文脈において政治アクターが果たす役割や，政治アクター間の関係性という点で，どのような条件が求められるであろうか。より具体的にいえば，冒頭で提起した「運動と統治のジレンマ」とは何であり，それを克服するにはいかなる条件や状況を生み出すことが不可欠であろうか。エクアドルの事例分析から得られた結果をまとめることで，本論の暫定的な結論としたい。
　まず，既存の政党システムが崩壊してその再編が進む状況の中から，新興政党として出現した代表的な左派運動組織がパチャクティック運動と祖国同盟である。ともに政治運動と称してきたが，実質的には政党であり，前述した2009年の民主主義法典に従えばともに全国レベルの政党に分類されている。両者の結成時期を見ると，順に1995年6月と2006年2月であり，その間には約11年の時間差がある。パチャクティック運動の結成当時はまだ伝統的な4

政党が勢力を維持していた。しかし，2000年代半ばになると，それら伝統政党のうちアンデス高地部のIDとDPは勢力を弱体化しており，パチャクティック運動に加えて2002年結成の新興政党であったPSPとPRIANも伸び悩んでいた。そのような状況下に祖国同盟とコレア政権が登場して，政党システムの再編を含む大幅な国家改革を進めてきたのである。

　パチャクティック運動もまた，祖国同盟と同様に，結成当初は選挙戦での躍進ぶりが目立ち，特にアンデス高地部を中心として地方選挙に力を発揮していた。両者の相違点としては，先住民運動の盛衰の過程をたどるように躍進から低迷に至ったパチャクティック運動に比べ，祖国同盟は，コレアというカリスマ的指導者の力を背景に，政治運動としての凝集性をその個性で補いながら，政権信任の手段として度重なる選挙戦や国民投票を活用してきた。

　では，運動と統治の間に生じるジレンマとは何であろうか。まずパチャクティック運動の場合は，PSPとの連合を軸としてグティエレス政権に加わることで，連合政治と統治参画の困難さに直面したことである。その失敗が社会運動組織としての機軸にも打撃を与えて内部分裂の危機を招いたうえ，その後の選挙戦において他党との協力に及び腰となりながら，独自候補の擁立も実を結ばなかったのである。これに対して祖国同盟の場合は，結成からすぐに政権党に躍り出たばかりか制憲議会や国会でも多数派を維持できているため，一見すると運動と統治のジレンマには無縁のように思われる。しかし，コレアという個人への過度の依存と権威主義的な姿勢，取り巻き政治の弊害などの問題を抱えたまま，自己改革の機会に恵まれていない。これらは祖国同盟の潜在的な弱点であり，特に社会運動組織や旧来のマスメディアなどとの頑固なまでの対決姿勢は，国家機構の肥大化とともに，ポスト・コレア時代に向けた火種となることが予想されるであろう。

　1980年代から1990年代にかけてエクアドルでは，ネオリベラリズム改革に関する政党間の合意や了解が「幽霊連合」や正式な連合の形で形成されていた。それを背景として，政党システムと政党政治が相対的に安定していた。しかし，ネオリベラリズムの浸透と政党システムの崩壊の過程で，この連合政治は瓦解して機能しなくなった。2007年以降はコレア政権の長期政権化が実現する中で，祖国同盟の一人勝ちの様相のもと，懐柔や抱き込みを通じて左派や中道左派の政治勢力が与党に結集されつつ，左派の再編が生じてきた。国家権力や大統領権限の強大化と相まって，中央政府の姿勢は権威主義的傾向を維持

しており，政党間や政治勢力間の対話や連合がかつてのような自由度や柔軟さを失いつつある。換言すれば，コレアを中心とする政党政治が先住民運動に代表される社会勢力のダイナミズムを一部しか吸収できておらず，同時に野党や社会運動の側も対抗勢力としての総力を十分に結集させることが困難になっている。この状況は一見安定的に見えながら，対抗勢力の分裂や不在のまま与党による集権的な政治傾向を強めさせ，かえって政党政治の不安定化や機能不全を招きかねない恐れを生じさせている。

　それゆえ，ネオリベラリズムの時代からポストネオリベラリズムの時代に移行しつつある現代においては，主要政党の間で国家の重要案件をめぐって一定の合意ないし了解を形成する意義が再び大きくなっているはずである。このことは議会政治を通じた争点政治の重要性を意味しており，それが政治と社会の安定につながるものと考えられる。エクアドルのように先住民運動などの社会運動が比重を増してきた国では，さまざまな社会組織の声を取り入れる形で連合政治を再興しなければ，取り巻き政治がポピュリズム色や独裁色を強めることや，政治空間から排除されたアクターが非制度的な力の行使に走ることが避けられず，ひいては民主政治の弱体化につながりかねないであろう。この意味でも，民主的なルールの枠内で，主要な政治アクターが重要な争点をめぐって制度的な対話や議論を積み重ねていくことがますます必要になっている。

第2章

コロンビアにおける和平プロセスの政治性
—— 国内紛争の展開から見た新自由主義改革による政治の不安定化

千代勇一

扉写真：非合法の極右武装組織であるパラミ
　　　　リタリーが放棄した多様な武器。
　左右の非合法武装組織による国内紛争に苦しんだコロンビアだが，伝統的な二大政党制が崩壊した後の和平プロセスによって，落ち着きを取り戻しつつある。

はじめに

　政治の安定性はコロンビアの伝統であった。19世紀に確立された二大政党制を基盤として，長期間にわたって民主主義が保持されてきたのである。1886年に制定された憲法は修正を経ながら100年以上も存続した。1950年代には軍事独裁政権が誕生したが，ほかのラテンアメリカ諸国と比べて短命であり，その後は混乱なく二大政党制が復活した。しかし，1990年代以降，この状況に変化が生じている。政治，経済の両面に及ぶ新自由主義改革では，規制緩和や開放経済の導入などの構造調整改革や，政党の設立要件の緩和による複数政党の政治参加が試みられてきた。この結果，政治と経済はより開放されたが，その一方で経済格差は深刻化し，2002年には二大政党からの出馬ではない中道右派の独立派候補のアルバロ・ウリベ・ベレス（元自由党所属）が大統領に当選して伝統的な二大政党制が崩壊した。コロンビアは左傾化を経験せず，2010年には同じく独立派のファン・マヌエル・サントスが大統領に就任したが，与野党ともに時々刻々と再編が試みられており，国内政治の流動化が顕著となっている。つまり，コロンビアは，民主政治の下で新自由主義改革が推進されてきたが，中道左派がその批判の受け皿となることができず，政党政治が不安定化した事例といえる。

　コロンビアの現代政治を考える上でもう一つの重要な要素が，長期の国内武力紛争の存在と数々の平和構築の試みである。1960年代から続く紛争はほぼ半世紀が経過し，世界で最も長く続く武力紛争の一つとなっている。これまでに数多くの左翼の非合法武装組織が結成され，その一部は和平プロセスを経て解体されてきた。他方，左翼ゲリラに対抗してパラミリタリーと呼ばれる右翼の非合法武装勢力も組織され，さらに近隣諸国との外交関係と相まって紛争は複雑化してきた。今世紀に入ってからはパラミリタリーの解体や国内最大の左翼ゲリラであるコロンビア革命軍（FARC）の弱体化と和平プロセスの開始など，情勢が大きく動いている。

　そこで本論は，1980年代末から1990年代にかけて進められた新自由主義政策の結果として生じた二大政党制の崩壊とその後の政治の不安定化に着目し，現代のコロンビアの政治状況が国内紛争や和平プロセスとどのような関係にあるのかを明らかにすることを目的としている。このためにまず，独立から新自由主義改革に至るコロンビアの政治状況を概観する。次に，国内紛争の主要ア

クターである非合法武装組織と1980年代以降に活発化する和平プロセスの動向を整理し，二大政党制下における紛争と政治の関係を検討する。最後に，二大政党制崩壊後のウリベ政権およびサントス政権の紛争解決への取り組みと政治状況の相互関係を考察し，和平に対する歴代政権の政策がコロンビアの政治を不安定化させる要因となってきたことを明らかにする。

I　二大政党制と新自由主義改革

1　独立以後の政治動向

　コロンビアでは1849年の自由党，保守党の結党以来，短期間の軍事政権期（1954～1958年）を除けば，これら二大政党による寡頭政治が維持されてきた。スペインからの独立直後の中央集権主義派（ボリバル派）と連邦主義派（サンタンデル派）の対立に由来する保守党と自由党の権力争いは，しばしば武力衝突へと発展し，19世紀末には10万人以上の犠牲者を出す千日戦争を引き起こした。また，形式的には民主主義を保持してはいたが，実態としては少数エリートによる排他的な二大政党制であったため，第三の政治勢力はおろか国民の政治参加も阻まれてきた。

　20世紀に入ると，都市部では工業化により急増した工場労働者が労働の状況や待遇の改善を求めて労働運動を激化させ[1]，農村では伝統的な大土地所有制に対して農地改革を求める農民運動が増加していった。問題解決の糸口が見えず国民の不満が強まる一方で，自由党と保守党の対立も先鋭化し，「ラ・ビオレンシア（政治暴力）」として知られる政治権力をめぐる武力闘争へと発展した[2]。1948年には次期大統領と目されていたホルヘ・エリエセル・ガイタン自由党党首が暗殺され，これをきっかけとして首都ボゴタで暴動が発生し，社会混乱は全国に広がっていった。これに加えて当時の保守党政権内で権力争いが激化すると，軍の最高司令官を務めたロハス・ピニージャ将軍がクーデターにより軍事政権を樹立した。軍事クーデターとはいえ，当初は保守党の一部と自由党，そしてカトリック教会からの支持を得ていた。しかし，ロハス政権の

---

1)　農村部においても，たとえば1928年にユナイテッド・フルーツ社のバナナ農園において軍と労働者が衝突し，多くの労働者が虐殺される事件が起きている。
2)　1947年までに死者は1万4000人に達した。

政策は富裕層の利害と合わず，既存の寡頭支配体制の崩壊が危惧されたため，保守党と自由党はロハスを追放して二大政党制を復活させるために協力し，その枠組みとして国民戦線（Frente Nacional）と呼ばれる協定を作り上げた。これは大統領を交互に選出するほか，国会および地方の議員，閣僚，知事などの役職を折半し，その他の政党の選挙への参加を認めないというものであった。協定は1958年から1974年までと定められていたが，その後も80年代半ばまでは閣僚ポストの折半による「変則的な連立政権」が継続した［二村 2009: 349］。

国民戦線は政治だけでなく，経済においても国家の発展を促進するという点でも合意している。この背景には産業界の影響があった。エンジニアとしての経歴もあるロハス大統領の手腕に期待を寄せていた産業界は当初これを支持して政権運営に協力したが，次第に方向性の違いから離反し，産業界という強い支持基盤を失ったロハス政権は弱体化し崩壊に至った。このため，国民戦線には産業界の意向を踏まえて国家の経済発展が合意事項となった［Cruz 2011: 13-15］。結果として，いずれの党が政権をとっても基本的な経済政策の方向性は一致することとなり，国民戦線下で好況であったコーヒー経済に支えられて輸入代替工業化が促進された。国民戦線の解消後は政治権力をめぐる両党の対立が復活したが，経済における方向性の一致は継続され，堅実なマクロ経済運営により1980年代のラテンアメリカの累積債務危機を乗り越えている。しかしながら，国民戦線については「国に対して別の考え方を表明していた社会運動や政治意志を排除していった」［デ・ルー 1999: 128］との批判もあり，後述する左翼ゲリラ誕生の要因の一つといえる。

2　新自由主義改革による政治の"開放"

コロンビアにおける新自由主義政策の導入は1980年代後半にさかのぼる。自由党のバルコ政権（1986～1990年）末期に，貿易の開放や工業・農業における構造調整を目的とした経済近代化プログラムが実施された。これはその前年に借り入れを行った際の世界銀行からの条件であった。

政治，経済の両分野における本格的な構造改革パッケージは，ガビリア政権（自由党，1990～1994年）下で実施された。経済については，累積債務危機による近隣諸国の悪化した経済状況の影響と加速するグローバリゼーションに対

応するため,「平和な革命（La Revolución Pacífica）」と命名された国家開発計画に基づき,開放型経済を目指した経済の近代化と国際化が進められた。経済の近代化としては,技術と資本の導入を柱としつつ,労働改革,財政改革,国際投資改革,為替改革,国営企業の民営化などが実施された。国際化としては,経済の開放を骨子とした貿易改革に関する1991年法律第7号に基づき,関税の適用範囲と課税額の減少や輸入ライセンスの見直しによる輸入の自由化を図った。このほかにも,国内産業が国際市場において競争力を持つためのインフラ整備や,労働者のための社会保障や住宅供給など社会政策も実施された。

　政治については,まず,エリートによる政治の独占を排して「開かれた民主主義」を実現するために,先住民の代表や左派系の活動家などを加えた憲法制定議会が招集され,1991年にそれまで100年以上続いた1886年憲法に代わる新たな憲法が制定された。19世紀から続く二大政党による寡頭政治が第三の政治勢力の育成を阻み,後述するように政治の場から排除された左派勢力が武力闘争に向かったことを踏まえ,1991年憲法は健全な民主主義の実践と将来的な和平達成のために複数政党制への移行を促すものとなった。しかしながら,政党創設要件の緩和に伴い,1991年には23の政党,1994年には49政党,1998年には62政党と小政党が乱立する事態なった［Giraldo 2003: 185-204］。そのため国会審議の中心は政党間の議論ではなく個人をめぐる駆け引きとなり,結果として汚職の温床となった。また,多くの小政党が伝統的二大政党から派生したいわば「系列」であったため,実質的な複数政党制が実現されたわけではなかった。後に,政党が法人格を持つための最低得票などを定めた2003年の選挙制度改革法（2003年憲法改正法第1号）や党議拘束を定めた政党制法（2005年法律第974号）によって小政党が乱立する事態は収束したが,ガビリア政権の政治改革は形式的なものとなり,実際には二大政党制が維持された。

　前政権と同じ自由党のサンペール政権（1994～1998年）は,開放路線を継続しつつも,社会政策分野においては政府の役割を強化する方向へと微修正を行った[3]。続く保守党のアンドレス・パストラーナ政権（1998～2002年）は経済成長の悪化に直面したが,これを開放経済路線の問題とせず,コロンビア経

3）　具体的には貧困層対策が中心であり,教育と雇用を充実させることにより経済発展と社会発展を両立させることを目指した。

済の輸出指向が不十分であるとして輸出セクターのための技術移転，能力開発，インフラ整備などを促進した。また，経済成長，民主主義の深化，貧困問題の解決などを推進するためには紛争を終結することが不可欠であるとして，左翼ゲリラとの対話による和平プロセスを推進したが，結果として交渉は失敗に終わった。

このように，1980年代末に導入された新自由主義政策は1990年代に本格的に実践され，二大政党制が崩壊した後もウリベ政権（2002～2010年）およびサントス政権（2010年～）に引き継がれている。国民戦線以来の経済政策における方向性の緩やかな合意は経済安定化をもたらした要因の一つといえるが，同時に新自由主義政策と相まって深刻な経済格差の慢性化も引き起こしている[4]。また，政治についても，19世紀のスペインからの独立以来，少数のエリートから構成される二大政党が激しく対立する一方で，この枠組みに対する外からの脅威には協力してその排除に努め，開かれた民主主義への努力にもかかわらずその安定性と排他性が保たれてきた。したがって，格差や貧困に苦しむ民衆が政治参加によって状況の改善を図ることは困難であり，このような状況から武力による変革を目指して非合法武装集団が組織されてきたのである。

II 非合法武装組織と二大政党制下の和平プロセス

1 左翼ゲリラの組織化と多様性

20世紀半ば，ラ・ビオレンシアの状況下で保守党政権が軍・警察を使って自由党員を弾圧したことによってその一部が農村部で武装してゲリラ化し，これに政治への参加が事実上閉ざされていたことに不満を持つ共産党員や農民が合流して1960年頃に「マルケタリア共和国」と称する一種の独立共同体が誕生した。その後，政府軍の攻撃により「共和国」は崩壊するが，コロンビア南部のカケタ県に逃れた幹部らは同様の集団と合流して1964年に武装集団「南部ブロック（ブロケ・スル）」を結成し，そして1966年には後にコロンビア最大の左翼ゲリラ組織となる「コロンビア革命軍（FARC）」が誕生する[5]。

---

4) 所得格差を示すジニ係数は，1980年代末以降は0.55前後の高い水準を推移し，1999年には0.60に達している［Cárdenas 2009: 447-452］。
5) 正式にはFARC-EP（コロンビア革命軍－人民軍）であるが，本論ではFARCとする。

都市部ではキューバ革命の影響を受けた学生や労働者が，1964年に国民解放軍（ELN）を結成した。マルクス・レーニン主義を標榜し，外国資本による資源の収奪を拒否するとともに農地改革を目指した。現在まで存続するこれら2つの左派系非合法武装組織は政治的イデオロギーを基盤とし，キューバ革命に強い影響を受けて誕生したいわゆる第一世代と呼ばれる左翼ゲリラである［García Durán 1992: 77-87］。いずれも現行の秩序と政府を否定して左派政権を樹立することを目的とした。このほかにも，「マルクス・レーニン主義コロンビア共産党（PCC-ML）」の武闘部門として1967年に組織された「解放人民軍（EPL）」，1975年にPCC-MLから追放された「毛沢東主義路線（MTMLM）」が1982年に改名した「労働者革命党（PRT）」など多くの組織が結成された。

　左翼の政治思想に基づく第一世代のゲリラに対し，民族主義に基づく第二世代のゲリラと位置づけられる「4月19日運動（M-19）」が1972年に結成された。M-19は1957年に辞任した軍事政権のロハス元大統領が結成した政党「全国人民同盟（ANAPO）」が，1970年の大統領選挙において僅差で保守党に敗れた際，開票に不正があったとして，ANAPOの支持者の一部が選挙の日付にちなんで命名，結成した非合法武装組織である。初期には都市部を中心に，後に農村部に行動範囲を広げ，富裕層から略奪した金品を貧困層に分配するといった義賊的行為などが庶民の人気を集めたが，1985年に100人以上の民間人の犠牲者を出した最高裁判所占拠事件が麻薬マフィアとのつながりを示すなどして国民の支持を失っていった。このほか第二世代としては，先住民の権利の保護や回復を目的とし，特定の地域で活動していた武装組織「キンティン・ラメ武装運動（MAQL）」がある。これは，1981年にコロンビア南部のカウカ県の先住民が左翼ゲリラ，大土地所有者，麻薬組織などによる暴力や土地など財産の収奪に対抗して結成した組織であり，反政府組織というよりは地域に根ざした自警団的な組織である。組織の名称は20世紀はじめに先住民運動を率いた先住民リーダーのマヌエル・キンティン・ラメにちなんでいる。

　コロンビアの左翼ゲリラは，寡頭支配体制あるいは排他的な二大政党制によって政治参加が制限された，あるいは事実上不可能であったANAPOや共産党などの政党や農民，労働者，先住民などにより結成されてきた。つまり，二大政党制による政治的安定性と非合法武装組織の存在は表裏一体であり，深刻化する社会問題や，政治参加できないことに対する不満が武装組織という形で過激化，非合法化して現れたものといえる。ただし，その主張，規模，背景は

多様である。第一世代の FARC や ELN，あるいは第二世代の M-19 などは明確な政治思想と全国レベルの影響力を持ち，構成員の数も多い。これに対して MAQL や PRT などは特定の地域やセクターの利益を代表するものであり，規模も全国レベルでの影響力も比較的小さい［Aguilera 2013: 132-147］。さらに，これら左翼の非合法組織は離合集散を繰り返してきた。たとえば，前述の PRT のように共産党から分裂したり，1997 年に FARC, ELN, M-19, MAQL などが参加した「シモン・ボリバル・ゲリラ調整組織（CGSB）」などのように連合組織を形成することもある。このように左翼ゲリラといってもそれぞれ目的，影響地域，規模，資金力，また集団間の関係性などは様々である。

2　極右民兵組織パラミリタリーの誕生と変遷

　一般にパラミリタリーとは，1980 年代頃からコロンビア各地に形成された農民による自警団から，大牧場やエメラルド鉱山の所有者，さらには麻薬マフィアなどが自らの財産や家族を左翼ゲリラから保護するために組織した民兵集団までを含む多様な非合法武装集団の総称である。政治的イデオロギーを持たず，左翼ゲリラに対抗するという目的が唯一の共通点であった。これらは次第に麻薬ビジネスを主たる資金源とする自律した組織となっていった[6]。地域ごとに存在するパラミリタリーの諸集団は，強大な左翼ゲリラに対抗するため，1997 年にカルロス・カスターニョを最高司令官とする全国組織の「コロンビア自警団連合（AUC）」を結成した。これに加わった諸集団は AUC 内部においてブロックと呼ばれる下部の地域組織を構成した。その後，勢力争いなどによって AUC 以外のパラミリタリー集団は淘汰され，AUC に属さないパラミリタリー集団はわずかとなった[7]。これらの中には後述するウリベ政権との和平プロセスへの参加を拒否する集団もあったが，それらは内部抗争により壊滅し，最終的にはすべてのパラミリタリーが武装放棄することとなった。

　パラミリタリーはその成り立ちから地縁的なつながりが強く，左翼ゲリラに敵対するだけでなく，武力によって「縄張り」とする地域の政治，経済に強い

6）　必ずしもすべてのパラミリタリー集団が麻薬を資金源としていたわけではないが，資金の乏しい集団の生き残りは困難であった。

7）　たとえばエルメル・カルデナス・ブロックは AUC に属さずに和平プロセスに参加したが，和平プロセスを拒否していたメトロ・ブロックは抗争により消滅した。

影響を及ぼすパラミリタリズムという現象を引き起こした[8]。また，左翼ゲリラとの紛争に新たなアクターとして加わることにより，紛争をさらに複雑化した。

3　1980年代以降の和平プロセス

　コロンビアでは1980年代から非合法武装組織との和平交渉が行われてきた。コロンビアで最初の和平委員会を設置した自由党のトゥルバイ政権（1978～1982年）下では，軍事的圧力をかけつつ，法律1981年第37号および1982年政令474号を制定し，政治犯罪（delitos políticos）に対する恩赦を規定した。ただし，誘拐，脅迫，戦闘以外での殺人などは恩赦の適用外とした。

　続く保守党のベタンクール政権（1982～1986年）もまた政治犯に対する恩赦を法律1982年第35号と法律1985年第49号により規定した。1985年にはFARCとの和平交渉の成果として，元構成員から構成される合法政党「愛国同盟（UP）」が創設された。

　自由党のバルコ政権（1986～1990年）は1990年3月に署名されるM-19との和平合意のために，法律1989年第77号およびこれを具体的に規定する政令1990年第206号を制定した。M-19も合法政党である「民主同盟M-19（AD M-19）」を組織した。

　自由党のガビリア政権（1990～1994年）は数多くの比較的小規模な集団との和平合意を達成した。1991年に署名したPRT，EPLおよびMAQLとの和平合意を履行するため，政令1991年第213号によって政治犯に対する刑罰を失効させた。また，同政権下では1991年に新憲法が制定され，行政府と立法府に恩赦を与える権限が定められた。また，1992年3月に署名されたEPLの分派「エルネスト・ロハス部隊」との和平合意のための恩赦を政令1991年第1943号によって定めた。また，1994年に和平に合意した「社会主義者革新潮流（CRS）」および「フランシスコ・ガルニカ戦線（Frente Francisco Garnica）」との和平プロセスに対応するため，ゲリラの恩赦や社会復帰などを定めた法律

8）　パラミリタリーは縄張りとしている地域において，左翼ゲリラからの保護を名目に住民や企業からスペイン語でワクチンを意味する"バクーナ"と呼ばれる一種の"税"を徴収し，中央および地方の政府機関や政治家，治安機関などに癒着や脅迫など違法な手段を使って影響力を及ぼしていた。特に，パラの和平プロセスが終結すると多くの政治家がパラミリタリーとのつながりにより逮捕されたが，このパラと政治家の癒着はパラポリティカと呼ばれるようになった。

1993年第104号を制定した。

　自由党のサンペール政権（1994～1998年）は1995年法律第241号を制定し，法律1993年第104号の延長，修正，追加を行い，パラミリタリー（以下ではパラと略）の投降者に法的恩恵を与える可能性を開いた。また，同法において政治犯罪における処罰の失効の根拠を明確にした。また，1993年法律第104号を改めて延長するために法律1997年第418号を制定して，1998年の「メデジン都市民兵（MIR-COAR）」[9]との和平合意に適用した。政令1997年第1247号および政令1998年第2087号に基づくものである。

　保守党のパストラナ政権（1998～2002年）下では，FARCとELNとの和平交渉が試みられた。ELNとは最終的に交渉には至らなかったが，FARCとの和平交渉を1998年に開始した。この和平プロセスでは交渉のためにコロンビア南部に軍・警察を撤退させた緊張緩和地域が設定され，パストラナ大統領とFARCの創始者であり最高幹部のマルランダ司令官との直接対話も行われ，和平への期待が高まった。これを受けて恩赦を定めた法律1997年第418号を延長するため，1999年法律第548号を制定した。一方で，法律2000年第589号を定め，行方不明，強制移住（国内避難民），大虐殺，拷問は恩赦の適用外であることを明確にした。これらはFARCとの和平交渉の妥結を見据えた措置であるが，FARCはテロを継続したため，2002年2月にパストラナ大統領は和平交渉の中止を宣言した。和平交渉の失敗だけでなく，FARCが緊張緩和地域を麻薬ビジネスと軍事力の強化に利用していたことが明らかになると，FARCとともに政府も批判の対象となった。さらに和平交渉の決裂によって，FARCと政府軍との交戦が激しくなり，国民の間に左翼ゲリラに対する脅威，嫌悪，そして社会不安が広がった。

　1980年代，1990年代の平和構築は，軍事的圧力と対話の間を揺れ動きながら，比較的規模の小さい左翼ゲリラとの間で実現してきた。武力闘争に限界を見出した組織や，存続すら危ぶまれるような小規模集団が恩赦と引き換えに武装解除するという特徴があった［Aguilera 2013: 132-140］。そのため，法的枠組みもこれまで見てきたように基本的には恩赦を定めた法律1993年第104号に基づいて，必要に応じて新たな有効期間とわずかな修正を加えて更新を重ね

---

9)「メデジン民兵（Milicias de Medellin）」はMIR-COARのほかに多くの小規模グループから構成されている。

てきたにすぎない。ガビリア政権期に制定されたこの法律は武装解除，恩赦そして社会復帰を規定するものであるが，これはサンペール政権期には法律1997年第418号，パストラナ政権期では法律1999年第548号へと更新されてきた[10]。

これに対し，規模が大きく資金が比較的豊富なゲリラについては，1980年代から1990年代にかけて，FARCとの和平交渉がベタンクール政権期およびパストラナ政権期に，ELNとの交渉がサンペール政権期とパストラナ政権期にそれぞれ試みられたが，いずれも条件が折り合わずに失敗している。

III　ポスト二大政党制期における政治の不安定化

1　ウリベ政権の誕生と二大政党制の崩壊

19世紀半ばから続く二大政党体制を崩壊させたのがかつて自由党に所属していたウリベ・ベレス元アンティオキア県知事であった。2002年の大統領選挙に際し，所属していた自由党からは2回目の挑戦となる重鎮のオラシオ・セルパがすでに立候補を表明しており，党内の候補者選出投票で勝ち目がないと判断したため，2001年に自由党を離党して無所属で大統領選挙に立候補した。選挙戦序盤はセルパがリードしていたが，当時のパストラナ政権とFARCの間の和平交渉が2001年末以降に頻発したFARCのテロ活動によって危機に直面したことで状況が変わった。2002年3月の大統領選挙を直前に控えた2月に和平交渉が政府によって打ち切られると，左翼ゲリラに対する不信感や治安に対する懸念から国民の支持は対左翼ゲリラ強攻策を訴えていたウリベに傾き，第一回の投票で53.05％の票を得て圧勝した。

これにより19世紀から続く二大政党制は崩壊し，政界はウリベ大統領を中心に再編されることとなった。国民の期待に応じて治安状況を大きく改善させたウリベ政権は60％以上の高い支持を維持したため，議会はウリベ大統領を軸にウリベ派と反ウリベ派に二分された。かつて所属していた自由党および左派の「もう一つの民主の極（PDA）」党が反ウリベ派に，保守党やウリベ派議

10）　保守党のパストラナ政権後，二大政党制が崩壊して誕生したウリベ政権下においても，当初は法律2002年782号および政令2004年第2767号が制定されて同じ内容が更新された。しかし，後述するようにパラミリタリーとの和平プロセスでは新たな法的枠組みが構築された。

員が新たに結成した「国家統一社会党（U 党）」などがウリベ派となった。

　1990 年代には新自由主義に基づく政治の"開放"政策によって形式的には多党制へと門戸が開かれたが，実質的には強い支持基盤を持つ二大政党の支配が維持されていた。そこでウリベ大統領は，国民の懸念が高まっていた紛争を選挙の中心的な争点とすることで広く国民の支持を獲得することに成功したといえる。しかしながら，紛争への対応が選挙における単一の争点となることで政争の具と化し，政権を超えて国家が取り組むことを阻害し，政治を不安定化するリスクを負ったといえる。

2　民主的安全保障政策と新たな紛争観

　二大政党制を崩壊させたウリベ大統領は，経済政策についてはこれまでの新自由主義路線を踏襲したが，紛争についてはこれまでの政権とは異なる政策を打ち出した。コロンビアの紛争の新しい解釈であり，紛争と市民の新しい関係をも意味するその基本政策が，非合法武装組織対策あるいは治安強化策として知られる「国防と民主的安全保障に関する政策（以下，民主的安全保障政策）」である。これはもともと選挙活動において示された多くの提案の一つにすぎなかったが，パストラナ政権末期における FARC との和平交渉決裂によるテロの増加や社会不安を背景に当選したことにより，ウリベ大統領はこの治安対策を政権の最重要政策と位置づけた。その骨子は(1)すべての国民が享受する民主主義は治安対策によって保証され，(2)そのためには国民の協力と治安機関の改革・増強が必要であり，(3)これによって国土全域の統治と治安の回復を図る，というものである。すなわち，非合法武装組織の暴力に脅かされてきた民主主義の回復には，それを享受する国民の協力と治安機関の増強が必要であることを示している。そのため民主的安全保障政策は，警察官と兵士の増員・増強，これらの国土全域への配備，兵士の権限の拡大などのほか，国民に対してはテロ活動に関する情報提供者ネットワークや報奨金制度の構築，農村部では自警団として機能する農民兵部隊の創設を進めた。この結果，治安状況を大幅に改善したウリベ大統領は，高い支持率を追い風に大統領再選を禁じた憲法条項を改正して 2006 年に再選を果たすことに成功した。

　この民主的安全保障政策は，「コロンビア国内には紛争が存在しない」というウリベ大統領独自の考えが反映されている。つまり，コロンビアには民主主

義に対するテロリストの脅威（amenaza terrorista）はあるが，紛争は存在しないという考えである［Semana 2005: 25］。ウリベ大統領のブレーンであったホセ・オブドゥリオ・ガビリア政府顧問（当時）はこの主張の根拠として，冷戦後のコロンビアにおいて，ゲリラはもはや政治イデオロギーではなく麻薬ビジネスのために武力を使う犯罪組織となっていることや，民主国家では政府以外が武力を用いることは正当化されないということなどを挙げている［Gaviria 2005: 29-50］。これを踏まえ，2005 年 6 月，政府は各国大使館や国際機関に対し，国際支援プロジェクトにおいてもこの考えに基づいた表現を使うよう求めている［El tiempo 13 de jurio de 2005］[11]。

ウリベ大統領にとって非合法武装組織との和平プロセスとは，これらの組織が違法行為を停止し武器を放棄して投降することを条件に，政府が元構成員の社会復帰を支援するというものであり，1980 年代から 1990 年代に行われていた恩赦を前提とする和平プロセスとは異なっている。それゆえ「コロンビア国内に紛争は存在しない」という言説には，国際法の紛争の規定に基づいて左翼ゲリラに政治的な地位が付与されることを回避し，紛争を政治問題化しないようにする意図が見られる。さらに，テロリズムという言葉を用いることにより，紛争は脱政治化されて治安問題となった。こうして治安の改善が最優先であるという認識が政府と国民で共有され，これを実践するウリベ政権の高い支持率につながったと考えられる。その支持率は，2002 年の第一次政権発足時に 69 %，2006 年の第二次政権発足時には 77 %，そして 2010 年の任期満了時には 75 %と高い水準が維持されてきた[12]。

3　パラミリタリーとの和平プロセスとその問題

ウリベ政権下では，新たな紛争観に基づく和平交渉が模索された。パラとの和平プロセスは，政府ではなくパラ側からの要望によって始まった。2002 年，

---

11)　使用を注意すべき表現として，たとえば，「武装勢力（actores armados）」や「紛争の当事者（actores del conflicto）」といった表現は政府治安機関である軍や警察を含むものであり，テロリストである非合法武装組織を指す用語としては用いることができないとした。また，国際援助活動については非合法武装組織との接触を含むような「人道的（humanitario）」と表現される活動をプロジェクトに加えてはならないなどである。

12)　Invamer Gallup 社により 2010 年 7 月 16 日から 24 日に主要 5 都市において 1200 人を対象に実施されたアンケート結果に基づく（http://www.eltiempo.com/archivo/documento/CMS-7832282）。

パラの連合組織であるAUCは政府と和平のための対話を行うためとして，敵対行為の一方的な停止を宣言した。これを受けて政府内に和平模索委員会が設置され，翌2003年1月に政府とパラの対話が始まったのである。2003年7月には，2005年末を期限としたパラの組織の解体が取り決められ，政府とパラの和平プロセスが正式に開始した。早速，同年11月には870人が武装放棄し，これに続いて各地域で数百人から数千人単位の部隊が武器を引き渡し，構成員は政府が定める社会復帰プログラムに参加した。すでに武装放棄が進められている中で，2004年7月なってようやく政府とパラの幹部が和平プロセスの詳細について交渉を行った。これはパラの解体の期限がすでに定められていたため，武装放棄後の構成員の法的立場などが明確にされないまま武装放棄が開始されたためである。交渉過程では軋轢が生じたものの，最終的には新たな法律が策定され，2006年8月までに合計約3万人[13]ものパラ構成員が武器を放棄してプロセスが完了した。パラとの和平プロセスは，非合法武装組織が犯罪行為の停止を条件とし構成員の社会復帰を政府が支援するというウリベ大統領の紛争観を具体化したものであったといえる。

パラとの和平プロセスのために新たに定められた法律である「公正・和平」法は，従来の左翼ゲリラのために策定された法的枠組とは大きく異なっている。これまでは国家に対する反乱罪が適用可能な反政府左翼ゲリラを対象としていたことから，基本的には政治犯として恩赦を与え，武装解除と組織の解体が行われていた。しかし，パラの場合は政府の転覆を目的としてない非合法武装組織であるため反乱罪が適用できず，新たな法律を策定する必要が生じたのである[14]。さらに，1980～1990年代と比べて，国際世論が非合法武装組織構成員に対する不処罰に否定的となっていたことも背景にある。

2005年7月に法律2005年第975号（「公正・和平」法）が発効したが，その特徴は，(1)刑期は殺人など重罪の場合のみ5年から最長で8年であること[15]，(2)元パラはすべての犯罪を自白しなければならず，隠蔽や虚偽が判明した場合には同法の恩恵をすべて失い，通常の刑法によって裁かれること，(3)取り調べ

---

13) 合計2万8357人が集団武装放棄した。
14) 通常の刑法によって裁いた場合，自発的に武装を放棄するパラ側に利益がないため，和平プロセス自体が破棄されると考えられる。
15) 5年から8年という刑期は国際人道規約に違反するような罪に対してであり，多くの元パラの場合は犯罪については事実上不問に付され，社会復帰プログラムでの更生が始まった。

を含む元パラの司法プロセスには被害者が参加することができること，(4)元パラが不法に取得した財産は被害者補償に用いられること，(5)紛争被害者に対する補償のため，被害者補償基金と全国紛争被害者補償・和解委員会（CNRR）が設置されることである。

　罪を犯した元パラ構成員に対して適正な処罰を負わせるという公正さの追求と，投降を促進するために処罰を軽減するという和平の追求のバランスは困難であり，最終的には重罪の場合のみ最長8年の懲役となったが，殺人，誘拐，大量殺人などの罪の重大性を考えると，軽い処罰といわざるを得ない。また，政府が紛争や非合法武装組織をどのように認識するのかという問いも提起している。つまり，国家の転覆を目的としないパラに反乱罪を適用することは困難であるが，パラは敵対する左翼ゲリラと同様に政治犯罪の適用を求めた。政治犯罪として認定されることには，左翼ゲリラとの闘争が政治的な活動であるという自らの正当性やアイデンティティの問題だけでなく，麻薬密輸の罪による米国への犯罪人引き渡しを回避しようとする意図も見られる[16]。政治犯罪であるか否かの判断については，法律の審議段階では政治犯罪（騒乱罪）とされたが，後に憲法裁判所はこの条項を審議の手続き上の不備により削除した。これにより，政治犯罪の問題にこれ以上踏み込むことは回避されたが，ここでも紛争の形式的な解決が重視され，本質的な理解や解決へのアプローチが欠如していることが示されている。

4　ウリベ政権期における左翼ゲリラとの和平プロセス

　左翼ゲリラとの和平に対するウリベ政権の方針は，民主的安全保障政策に基づく治安対策と軍事的圧力によって組織の弱体化を図り，その上で和平プロセスを行うというものであった。FARCについては，米軍の支援を受けた政府の軍事作戦によって，影響地域からの撤退や勢力の弱体化が見られたが，FARCに捕らえられている人質の解放交渉は妥協や譲歩を拒否するウリベ政権の下で

---

[16]　麻薬ビジネスでさえ左翼ゲリラに対抗するという政治目標を達成するための手段であったという主張もしばしばされている。

[17]　2005年12月にはフランス，スペイン，スイスが仲介に入って国際社会の監視下で特定地域からの軍・警察の撤退と人質の交換交渉を双方に対して提案し，ウリベ大統領は受け入れたが，FARCはウリベ政権との交渉を拒否した。

進展しなかった[17]。また，FARC は政府とパラの和平プロセスと「公正・和平」法を非難し，ウリベ大統領との和平交渉を拒否した。

国内第二の勢力を持つ ELN については，2004 年にメキシコ政府の仲介が失敗した後，市民グループが ELN と政府の直接対話の実現に奔走し，2005 年以降，キューバにおいて両者の間で和平プロセスのための予備的会合が開催された。和平プロセス開始の期待が高まったが，政府が ELN に対して即時の敵対行為の停止や誘拐人質の解放などをプロセス開始の条件として求めたことに ELN が反発し，予備的会合のプロセスは終了した。ELN 側の主張は，敵対行為の停止は和平プロセスの結果であって，開始の条件ではないというものであった。社会問題の解決を大義として掲げる左翼ゲリラと，武装放棄を和平プロセスの前提とするウリベ政権の間の溝は深く，任期中に左翼ゲリラとのさらなる交渉は見られなかった。

IV 政治の安定化の試み

1 サントス政権の誕生

2010 年の大統領選挙に際し，大統領の三選を可能とする憲法改正のための国民投票法の制定が国会で審議されたが，憲法裁判所は手続き上の問題を理由に違憲とした。このためウリベ大統領の出馬は不可能となり，ウリベ派の国民統一党（U 党）からはファン・マヌエル・サントス党首（当時）が立候補し，決選投票で 69 ％の票を獲得して大統領に選出された。

ファン・マヌエル・サントスは，コロンビアのジャーナリズムに強い影響力を持つ自由党系エリート・ファミリーの一員として生まれ育った。大統領を務めた叔父のエドゥアルド・サントス（任期：1938 ～ 1942 年）は，「コロンビアの自由主義の擁護者」と評される『エル・ティエンポ』紙の社主であった。父のエンリケ・サントスは同紙の編集長を長く務め，ファン・マヌエル・サントス自身も副社主を経験している[18]。政治家としてのキャリアを一自由党員としてスタートし，ガビリア政権（自由党）下では貿易相に就任し，パストラナ政権（保守党）下でも財務相に起用された。しかし，2004 年にはウリベ派に合流

18） ウリベ政権下で副大統領を務めたフランシスコ・サントスはファン・マヌエル・サントスの従兄弟に当たる。

するため自由党を離れ，翌 2005 年にウリベ派議員が結集する U 党の創設に中心的な役割を担い，その党首に就任した。また，2006 年から 2009 年まではウリベ政権下で国防相に抜擢され，その任期中には数多くの FARC の重要な幹部を殺害あるいは拘束したり，長期間に監禁されていた人質の救出に成功するなど FARC の弱体化に貢献した［千代 2011］。

　サントスは高い支持率を維持したウリベ大統領の後継者として大統領に選出されたが，出自は自由党系のエリート一族であり，また過去には自由党と保守党のそれぞれの政権およびウリベ政権のもとで閣僚経験があることから，後述するようにリベラリズムへの回帰と政界再編を模索していく。

2　被害者補償および土地返還法

　サントス大統領は紛争"後"を見据え，紛争被害者の補償に関する法律の整備を行った。法律における紛争被害者補償への言及は，国民の生命や財産を保護することを国家の責任と定めた 1886 年憲法までさかのぼるとされる［鈴木 2010: 73-74］。人権侵害に対する国家賠償については 1996 年法律第 288 号が規定しているが，国際機関による人権侵害の認定を必要とするなど紛争被害者の救済という意味では限定的なものであった［鈴木 2010: 74］。ウリベ政権下で制定された公正・和平法は，武装放棄した元パラミリタリー構成員の財産を用いた被害者に対する賠償（個人補償）や被害を受けたコミュニティに対する補償（集団補償）を定めているという特徴があった。

　自由党はこれをさらに進める形で紛争被害者に対する補償と，紛争において収奪された土地の返還を目的とする法案を 2007 年に国会に提出した。しかしながら，高額が予想される補償のための予算確保の目処はなく，当時のウリベ政権はこれを廃案とするが，続くサントス政権によって復活された。2011 年 6 月，コロンビアを訪問中の国連事務総長を立会人として，サントス大統領は法律 2011 年第 1448 号，通称「被害者補償および土地返還法」（以下，被害者法）に署名を行っている。

　この被害者法は，武力紛争に起因する人権侵害の結果として被害を被った人を対象としている。ただし，土地の返還は 1991 年 1 月 1 日以降に紛争を背景として収奪あるいは強制的に放棄させられた土地を対象としており，人権侵害の被害については 1985 年 1 月 1 日以降の事案が対象となる。この場合，行方

不明あるいは殺人の遺族も適用対象となるが，具体的には犠牲者の親，子供，配偶者だけでなく，内縁の配偶者も含まれる。紛争の当事者である非合法武装組織のメンバーや政府の治安機関要員は対象外となるが，18歳未満の少年兵は含まれる。また，前述の対象期間前に被害を受けた場合でも，記憶や歴史の記録あるいは真相究明などさまざまなプロセスへの参加を通じて同法の恩恵を受けることができる。真相究明や被害者補償の実現には課題は多いが，サントス政権が平和構築において次の段階に進みつつあることが示されている。

3　内政，外交，和平プロセスにおける対立解消

　既存の政治の枠組みを変えてきたウリベ大統領は，内政および外交でさまざまな衝突を生じさせてきた。その後継者として当選したサントス大統領ではあるが，就任後は次第にウリベ色を払拭し，政策ではリベラル色を強く出している［菱山 2011］。また，国民統一党，急進改革党，自由党によって統一会派「国民統一（Unidad Nacional）」を結成したことも独自路線を示すものである。この会派は，伝統的二大政党制崩壊以降の混迷する政治状況に対し，リベラル勢力の結集により，政界再編による政党政治の強化と民主主義を深化を目的としている。

　外交においても，左翼ゲリラに強攻姿勢を示すウリベ政権期に軋轢が生じたエクアドル，ベネズエラの左派政権との関係修復に重点を置いた。2008年3月に発生したコロンビア空軍によるエクアドル領内のFARCキャンプに対する爆撃は，エクアドルとの対立を生み出しただけでなく，その同盟国であるベネズエラの強い反発も招いた。最終的にはコロンビア政府が国境侵犯について謝罪をすることで沈静化はしたものの，この爆撃で死亡したFARC幹部の遺留品であるコンピューターの情報を根拠にコロンビア政府がエクアドルおよびベネズエラとFARCとのつながりを批判したり，これら両国がFARCの政治的地位を認めることを提案してコロンビアが反発するなど，ウリベ政権期における近隣諸国との関係はFARCをめぐって悪化していた。サントス大統領はその就任式典における演説でエクアドル，ベネズエラとの関係改善を最優先課題の一つとして挙げ，2011年に相次いでベネズエラとエクアドルを訪問した。また，2012年2月には米州サミット（同年4月カルタヘナで開催）へのキューバの参加問題を調整するためにハバナを訪れた際，同国で療養中であったチャ

ベス大統領（当時）とも会談するなど関係は顕著に改善した。

　このようにサントス政権はウリベ政権期に生じた内政，外交におけるさまざまな対立の融和を図っただけでなく，コロンビア最大の左翼ゲリラのFARCとの和平プロセスにも着手した。2012年9月，サントス大統領はFARCとの和平交渉を公式に開始することを表明した。この発表では，すでに同年2月よりキューバにおいて予備的対話が実施されていたことが明らかにされ，10月からはキューバ，ベネズエラ，ノルウェー，チリの協力を得て正式な交渉が開始した。このプロセスでは，恩赦を乱発した1980年代～1990年代の和平プロセスとも，武装放棄と社会復帰に重点を置いたウリベ政権期のパラとの和平プロセスとも異なり，和平交渉において社会問題を議題として扱うことが特徴である。2012年8月にFARCと締結した「紛争終結及び安定的かつ持続的な平和の構築のための一般合意」の枠組みで，総合農村開発政策，政治参加，紛争の終結，社会統合，違法薬物問題の解決，紛争被害者，その実施・検証・承認の6つのテーマについて議論し，合意することになっており，2015年1月現在も交渉は継続している。

V　国民の不満とその行方

1　紛争の沈静化と社会の不安定化

　サントス政権下では，前ウリベ政権期に生じた国内外の政治的対立が解消され，長年の懸案であったFARCとの和平プロセスが開始した。皮肉なことではあるが，国家の危機的状況が解消されるにつれ，それまでの新自由主義的な経済政策に対する市民の不満が政府に対する抗議活動として噴出するようになった。2013年3月には，市場価格の下落に直面したコーヒーの小規模生産者が2週間に及ぶストライキを行い，6月から8月にわたってコーヒー生産地域の主要幹線道路を封鎖した。政府は補助金の支払いをすることで解決を図ったが，7月には鉱山労働者，農民，運送業者，教員，医療関係者などさまざまな業種の労働者が左派政党の支援を得て次々とデモ行進を行った。とりわけ農民による抗議活動はコロンビア全土に広がり，主要幹線道路の封鎖は国民の生活に深刻な影響を及ぼし，治安部隊との衝突では死傷者も出ている。農民側の要求は農産物の市場価格の低迷による損失に対する救済措置，輸入の肥料や農

薬の価格を下げるための関税の優遇措置，米国との自由貿易協定の見直しなど多岐にわたった。9月に政府と農民リーダーとの間で交渉が行われ，農業と農村開発に関する協定作りに着手することを約束してデモは沈静化したが，根本的な解決の目処は立っていない。また，この農民運動には FARC の関与があるとも報じられており［*El tiempo* 26 de agosto de 2013］[19]，和平プロセスの行方や治安状況に対する大きな懸念となっている。

　紛争終結を見据えた被害者法についても，2012 年 12 月に最初の土地返還がサントス大統領出席の下で実施されたが，2012 年 1 月から 9 月までの間に土地返還に関わる活動家などがすでに 37 人も殺害され，さらに土地返還プロセスの妨害を図る武装集団の存在が報じられている［*El tiempo* 7 de mayo de 2013］[20]。申請者の保護ができていないという問題を露呈しているだけでなく，暴力の支配が未だ継続していることを再認識させる結果となっている。また，FARC との和平交渉が続けられているにもかかわらず，紛争終結について国民が悲観的であることも示されている。2013 年 10 月に実施された世論調査[21]において，76 ％が FARC に和平合意の意志はないと考え，意志があると考える 17 ％を大きく上回っている。また，紛争の終結が可能であると答えた人の割合も 6 月の 39 ％から 21 ％へと減少している。さらに FARC のメンバーが武装放棄後に処罰を受けることなく政治参加することについては 80 ％が反対している。パラに対しては刑期が短いながらも一定の処罰があったが，国際社会も国民も不処罰を許さないという世論が形成されており，80 年代から 90 年代の恩赦を伴う和平プロセスを知る FARC とどのように折り合いをつけられるのか不透明である。

　サントス大統領の支持率も就任以来，下降していった。大統領就任 3 ヶ月となる 2010 年 10 月には 73 ％，翌 2011 年 7 月に 71 ％と比較的高い水準であったが，同年 11 月に 64 ％そして 2012 年 4 月には 58 ％と次第に下落していった。不支持の理由は失業問題（42 ％），治安の悪化（25 ％），そして生活費の高騰（21 ％）となっている[22]。また，農民の抗議活動を経た 2013 年 9 月に実施

---

19)　http://www.eltiempo.com/justicia/ARTICULO-WEB-NEW_NOTA_INTERIOR-13014312.html。
20)　http://www.eltiempo.com/justicia/ARTICULO-WEB-NEW_NOTA_INTERIOR-12784311.html。
21)　Datexco 社が 2013 年 10 月 8 日から 12 日にボゴタ，メデジン，カリ，バランキジャ，ブカラマンガ，カルタヘナの 6 大都市の 1000 人を対象に実施した電話によるアンケート調査結果（http://www.eltiempo.com/politica/40-por-ciento-de-colombianos-quiere-que-el-proceso-de-paz-siga_13129120-4）（2014 年 9 月 15 日閲覧）。

された世論調査ではさらなる悪化を示した。支持率はギャラップ社の調査では21％，ダテスコ社では28％といずれも急落し，その主な要因はいずれの調査でも農民デモへの対応（ダテスコ社77％，ギャラップ社81％），経済政策への不満（ダテスコ社74％，ギャラップ社71％）であることが示されている。左翼ゲリラへの対応についても63％（ギャラップ社），和平プロセスについては63％（ダテスコ社）が不同意と厳しい数値となっている[23]。

ウリベ大統領は取り組むべき最優先の課題が治安であることをアピールし，左翼ゲリラに対する軍事的圧力，治安の回復，パラミリタリーの解体といったわかりやすい成果を出し続けたのに対し，治安が向上し，国内外のさまざまな対立を解消したがためにサントス政権は多様なセクターの社会的不満に直面したのである。

2　サントス大統領の再選の意味

2014年の大統領選挙は，サントス大統領の支持率が下降し，政治と社会が不安定化する中で行われた。候補者は，会派「国民統一」が支持する現職のサントス大統領のほか，保守党のマルタ・ルシア・ラミレス元国防相，中道の緑の党からはエンリケ・ペニャロサ元ボゴタ市長，左派の候補としてはクララ・ロペス・オブレゴン「民主の極（Polo Democrático）」党党首，そしてウリベ元大統領が実質的な指導者である「民主中道（Centro Democrático）」党のオスカル・イバン・スルアガ党首[24]であった。なお，伝統的二大政党の一つである自由党は独自候補を擁立せず，「国民統一」としてサントス大統領を支持した。

5月に行われた投票ではスルアガ候補が375万9971票（29.25％），サントス大統領が330万1815票（25.69％）を得たが過半数には及ばず，6月に決選投票が実施されることとなった。投票直前にはスルアガ陣営の選挙活動の不正疑

---

22)　これらはNapoleon Franco社が2012年4月13日から15日に20万人以上の都市に居住する1010人を対象として訪問，電話によって実施されたアンケート結果に基づく（http://www.semana.com/nacion/articulo/favorabilidad-juan-manuel-santos-sigue-descenso/256702-3，2014年9月15日閲覧）。

23)　ダテスコ社の世論調査は2013年9月12日に主要都市（ボゴタ，メデジン，カリ，バランキジャ，ブカラマンガ，カルタヘナ）の1000人を対象に実施された電話調査によるものであり，ギャラップ社の調査は2013年8月27日から9月2日に主要都市（ボゴタ，メデジン，カリ，バランキジャ，ブカラマンガ）に居住する1200人を対象に実施された電話調査によるものである。

24)　ウリベ政権期の2006年から2009年まで財務大臣を務めた。

惑[25]が報じられたこともあり，サントス大統領が有利であると見られていたが，結果はスルアガ候補が45万票も上回った。

決選投票はこの両者の対決となったが，基本的な政策に大きな違いはなく，争点はFARCとの和平プロセスの一点となった。ウリベ元大統領およびスルアガ候補は，サントス政権の和平プロセスが左翼ゲリラに譲歩するものであるとして疑問を呈し，今後の交渉の是非を再検討することを求めるとともに，テロ組織に対しては断固たる姿勢をとるべきであると主張した。これに対してサントス大統領は，進行中のFARCとの和平交渉の早期の合意を目標として掲げた。

決選投票の結果は，サントス大統領の得票率50.95％に対してスルアガ候補が45.00％と，サントス大統領が辛くも再選を果たした。第一回投票の結果を逆転した要因としては，(1)紛争（スルアガ候補）と和平（サントス大統領）の二者択一であることを明確に訴え，(2)国民が懸念している交渉の遅延とFARCの敵対行為の継続に関してはFARCに最終通牒を突きつけ，(3)決選投票直前に第二の規模の左翼ゲリラであるELNも政府との交渉の意志がある旨を表明したことが挙げられる。つまり，サントス再選の勝因は争点を平和構築としたことである。また，前述のように，サントス大統領の政策に批判的であった農民組織や左派政党でさえも決選投票において同大統領を支持したことも大きな要因である。これらが意味することは，二大政党制後のコロンビアの政治が，ウリベ政権期から引き続き，政策やイデオロギーではなく，国民の関心が高い紛争と和平プロセスへの対処の仕方を軸に動いているということである。

3　左派勢力が抱える問題

新自由主義が導入され，経済格差の拡大と二大政党制の崩壊，政治と社会の不安定化が生じたコロンビアであったが，ほかのラテンアメリカ諸国のように左派政権の誕生には至らなかった。最後に，左派政党の抱える問題を紛争との関係から考察する。

コロンビアの代表的な左派政党には1930年に創設されたコロンビア共産党

---

25) スルアガ陣営が"ハッカー"を使って不正に対立陣営の情報を入手していたことが報じられた［*El tiempo* 10 de mayo de 2014（http://www.eltiempo.com/politica/partidos-politicos/scar-ivan-zuluaga-acepto-reunion-con-hacker/13971244，2014年9月15日閲覧）］。

(PCC) がある。前述のように 1960 年代には保守党政権の弾圧により自由党の一部と合流して抵抗を開始し，のちの FARC が形成された。また，1965 年にはより過激なマルクス−レーニン主義コロンビア共産党（PCC-ML）が分派し，武装組織の EPL などが組織されている。1980 年代には左翼ゲリラの M-19 が和平プロセスによって解体し，合法政党の「M-19 民主同盟（ADM-19）」として政治参加を果たした。同じく FARC の一部も和平プロセスによって合法政党「祖国同盟（UP）」を組織した。多党制が導入された 1991 年には，社会労働者党，全国人民同盟，教育・労働・社会変革党，独立革命労働者党，新左翼党，民主戦線党など多数の左派政党が国会の議席を占め，1999 年にはコロンビア共産党をはじめとする左派勢力が結集して「社会・政治戦線（FSP）」が，2000 年には別の左派連合である「集団的政治の選択（APC）」がそれぞれ形成された。2002 年の大統領選挙には後にボゴタ市長を務める FSP のエドゥアルド・ガルソン候補を支援するためにこれらが接近し，翌 2003 年にはボゴタ市長選挙に際して政党連合「民主の極（PD）」が誕生した。その後，「独立民主の極（PDI）」と「民主的なもう一つの選択（AD）」に分裂したが，2005 年 12 月には再び PDI と AD は合流して「もう一つの民主の極（PDA）」党が誕生した。

左派勢力は国会において一定のプレゼンスはあったが，二大政党制やその後の右派の流れを脅かす存在にはなり得ていない。その要因として，第一に左翼ゲリラに対する市民の拒絶感情が考えられる。もともとは社会の変革という大義を掲げて形成された武装組織であったが，活動の資金調達のためとはいえ麻薬の生産と密輸に従事し，また，一般市民に対する誘拐，脅迫，殺人を繰り返してきた。国際社会からはテロ集団と認定され[26]，国民からの支持も得られていない。左翼ゲリラによる武力闘争が続いている状況で，市民は同様の政治思想を持つ左派政党に対して警戒感を持っていると考えられる。

第二に紛争による組織の弱体化が挙げられる。左翼ゲリラの合法政党化の事例としては ADM-19 と UP があるが，どちらも紛争を背景とする暴力により弱体化した。ADM-19 の場合は 1991 年の大統領選挙の候補者であった党首のカルロス・ピサロ・レオンゴメスが政府の保護下で暗殺され，同年の国会議員選挙で上下両院の合計で 21 議席を獲得したのを最後に議席を失った。UP の場合も 1986 年の大統領選挙に出馬したハイメ・パルド・レアル候補が翌 1987

---

26) 米国，EU，日本は FARC や ELN，そしてパラミリタリーの AUC をテロ組織と認定し，資金の凍結などの措置をとっている。

年に，そして1990年の大統領候補であったベルナルド・ハラミジョ・オサ上院議員が同年にそれぞれ暗殺された。さらに8人の国会議員，13人の県会議員，70人の市議会議員，11人の市長を含む約5000人の党員がこれまでに暗殺されている［*El tiempo* 11 de jurio de 2013］[27]。また，左派政党の支持基盤でもある労働組合でも1977年から2011年の間にメンバー2870人が殺害されており[28]，労働者の組織化への影響は大きい。

このように紛争の状況下で，左派政党は国政における影響力に欠けるが，地方行政では左派系の首長は珍しくない。たとえば首都ボゴタでは，2000年以降，左派のPD，PDIまたはPDAは3人の市長を出しており，その他には元ゲリラ（M-19）でかつてPDAに所属していたグスタボ・ペトロも市長を務めている[29]。特に右派のウリベ大統領が政権に就いていた時でさえ市長が左派系であったことは重要である。地方においても，元M-19ゲリラでPDAのメンバーだったナバロ・ウルフやPDA所属のパルメニオ・クエジャルが南部のナリーニョ県の知事を努め，中部のトリマ県ではコロンビア共産党の市長も誕生している。つまり，国政レベルでは左派に対する警戒感があっても，地方行政レベルでは社会政策を重視する左派あるいは中道左派の候補者が受け入れられるという二重の構造が見られ，失業，格差，貧困などの諸問題への取り組みに対する左派政党の貢献が期待されている。

おわりに

コロンビアでは長期にわたって安定的な二大政党制が維持されてきた。保守党と自由党が激しく権力を争う一方で，この枠組みへの脅威に対しては両党が協力してそれを阻止してきた。そのため，政治から排除されてきた人々の中から，社会の変革を武力によって達成しようとする左翼ゲリラが数多く誕生した。その意味で，二大政党制の下での長期の政治的安定は，50年以上続く紛

---

27) http://www.eltiempo.com/archivo/documento/CMS-12924130，2014年9月15日閲覧。
28) このうち14.2％がパラミリタリーによるもの，5.2％が左翼ゲリラによるものであり，大多数の77.9％は不明となっている［Valencia y Celis 2012: 25-28］。
29) ルイス・エドゥアルド・ガルソン（2004～2007年），サムエル・モレノ・ロハス（2008～2011年），クララ・ロペス・オブレゴン（2011年），グスタボ・ペトロ・ウレゴ（2012～2014年）。

争と一体の関係にあったといえる。

　1980年代以降，紛争解決は主要な政治課題の一つとして，軍事的な圧力と同時に対話による解決が模索され，数多くの和平プロセスが実践されてきた。しかし，歴代政権の紛争への取り組みには一貫性はなく，恩赦を乱発して弱体化した組織を解体するにとどまり，紛争の背後にある社会問題の解決には至らなかった。

　1990年代に新自由主義の諸改革が進められると政治の分野では規制緩和が進められ，形式的には多党制への移行が試みられたが，実質的には二大政党制が続いていた。しかし，伝統政党とFARCとの和平交渉の失敗を契機として，支持基盤のない新しい政治リーダーのウリベが紛争への取り組みを争点とすることで国民の支持を獲得し，大統領に選出されて二大政党制が崩壊した。続くサントス政権下でも，治安の改善などに伴い，それまで表面化しなかった政治や経済における国民の不満が強い批判となって同政権に向けられたが，再び紛争と平和構築を選挙における争点として再選を果たした。強固な二大政党制後の不安定な政治状況において，紛争への対応が国民の支持を広く得る装置となっているのである。

　このように歴代の政権を通じて紛争解決のための一貫した政策が欠如しており，場当たり的に交渉と圧力の間を揺れ動くことで紛争が長期化し，事態が悪化してきたといえる。新自由主義の改革が引き起こしてきた失業や格差などの諸問題についても，慢性化した紛争の存在によって，労働者や農民に近い左派政党がその不満の受け皿となることが困難となっている。コロンビアの持続可能な和平と発展のためには，紛争を政争の具とせず，政権や政党を超えて一貫した政策を共有し維持することが重要である。

第3章

ポストネオリベラリズム期ペルーの社会紛争と政治の小党分裂化

村上勇介

扉写真：ペルーの大統領選挙の投票所で，投票所責任者（右3人）の開票作業を見守る政党代表者（左4人）。

経済が安定して成長する中，選挙は定期的に実施されるようになったものの，格差を軸とした社会経済的課題を前に，ペルーは，小党分裂と主要政党間の非協調を基調とする伝統的な政治を克服できないでいる。

はじめに
── 制度化しないペルー政治とそのゼロ年代

　ペルーは，一定の制度に基づいた政治が持続することがほとんど観察されてこなかった事例である［村上 2004］。ここでの制度とは，ある社会の成員の間で，特定の目的や価値の実現のために，明示的であれ暗黙のものであれ，承認，共有あるいは黙認される行動定型，規範，ルール，合意，了解事項であり，それらが形成されることが制度化である。ペルーで結成される政党（合法的に政権獲得を目指す結社）は，有力者を中心とする個人支配的な性格が強い。そして，政治は，それぞれが少数派である諸政党が相互に個別利益を優先させて対立を繰り返す場と化す。

　ペルーが1980年代に陥った極度の経済的社会的不安定も，そうした制度化しない政治の帰結であった。年率で4桁にも達した超高率インフレと，反政府武装集団によるテロの拡大の2つの事象が，その凄まじい状況を象徴していた。不安定な状況を前に，1980年の民政移管後に展開した政党政治は有効な政策を提示，実行することができず，国民の信頼と支持を喪失した。ペルーの不安定は，1990年に政権に就いたアルベルト・フジモリにより，権威主義的な形で克服される。経済面では，フジモリ政権が，ネオリベラリズム改革を進めた結果，超高率インフレは克服され，回復基調となった。だが，1990年代後半には，不平等や格差，貧困といった課題に国民の関心が移り，権威主義化したフジモリ政権とともに，ネオリベラリズム路線への批判が高まった［村上 2004］。

　2000年の選挙で国際的に認知されない形で違憲の連続三選を強行したフジモリは，側近の汚職発覚を受け3期目の政権が成立して4ヶ月も経たないうちに辞任に追い込まれる。その後，バレンティン・パニアグア暫定政権（2000～2001年）を経て，選挙により，アレハンドロ・トレド政権（2001～2006年）とアラン・ガルシア政権（2006～2011年）が成立した。

　フジモリ政権からガルシア政権まで，ネオリベラル的な経済の枠組みが基本的に維持された。この経済路線における一貫性は，それ以前に観察された状況とは対照的である。1980年代までは，民主主義的な政権であれ非民主主義的な政権であれ，政権が交代する度に，振り子のように，経済路線が自由主義と国家介入主義の間を揺れ動く状況が続いてきた。1980年代の極度の不安定が，

多くのペルー人にとって一種のトラウマとなり，振り子の戻りを抑えたということができる。今世紀に入って起きた世界経済の拡大に伴うコモディティ輸出ブームに乗って，一貫した経済路線の下，ペルーのマクロ経済は，ラテンアメリカにおいて上位に位置する好調な歩みを記録した。

好調なマクロ経済状況を背景に，ゼロ年代のペルーは，より不安定で状況が流動的なほかのアンデス諸国，ボリビア，コロンビア，エクアドル，ベネズエラと比較して，相対的に安定しているように見える。しかし，格差や貧困，失業，低賃金といったミクロ経済面での構造的諸問題は克服されないままできており，ゼロ年代のペルーにおいて社会紛争が増加した背景となっている。ゼロ年代に増加した社会紛争も，制度化しない政治の帰結である。

ゼロ年代においても，政治の制度化がほとんど進まなかった。政治勢力の小党分裂化傾向は強まった。そして，ネオリベラリズム路線に対する不満の受け皿となる勢力が地歩を固める傾向も観察されていない。2011年の大統領・国会議員選挙は前述のような状況の中で実施された。

以下では，以上の論点を示すため，まず，ゼロ年代ペルーの経済社会状況を概観する。続いて，経済社会状況が政治に及ぼした影響について分析する。その中心となるのは社会紛争の増加である。最後に，2011年選挙過程を振り返り，今後の展望と課題に触れる。

I 所得再分配を伴わない経済成長

ゼロ年代のペルーは，ラテンアメリカにおいて高い経済成長率を示した国の一つである。2009年には，前年9月のリーマンショックに端を発する国際金融危機の影響を受け一時的に低下したものの，翌2010年には2年前まで維持してきた成長傾向を回復した。高い経済成長は，価格高騰の下で第一次産品輸出が拡大したことに起因する。特に，鉱産物輸出が好調であった[1]。

フジモリ政権崩壊後に選挙により成立したトレド政権とガルシア政権の下で

---

1) 本項と次項については，遅野井[2009]，清水[2008]，村上[2009a]などがこれまでにも分析してきた。トレド政権については，Azpur [2004]，Ballón [2002]，Pedraglio [2005]，St John [2010]，Toche [2003]，Toche y Paredes [2006]など，ガルシア政権については，Alayza [2007]，Alfaro [2011]，Amayo [2010]，Amayo [2009]，Toche [2008]などを参照。また，ゼロ年代のペルーの政治社会について，Grompone [2005]，Tanaka [2005]，Vergara [2007]なども参照。

表 3-1 主要経済社会指標

	1999	2000	2001	2002	2003	2004	2005	2006	2007	2008	2009	2010	2011
実質国内総生産（GDP）成長率（%）	0.9	3.0	0.2	5.0	4.0	5.0	6.8	7.7	8.9	9.8	0.9	8.8	6.9
インフレ率（%）	3.7	3.7	-0.1	1.5	2.5	3.5	1.5	1.1	3.9	6.7	0.2	2.1	4.7
輸出													
総額（百万ドル）	6087.5	6954.9	7025.7	7713.9	9090.7	12809.2	17367.7	23830.1	28093.8	31018.5	26961.7	35564.7	46268.5
前年比（%）	5.7	14.2	1.0	9.8	17.8	40.9	35.6	37.2	17.9	10.4	-13.1	31.9	30.1
鉱産物（百万ドル）[A]	3008.0	3220.1	3205.3	3809.0	4689.9	7123.8	9789.9	14734.5	17439.3	18101.0	16382.3	21722.8	27361.5
石油・関連産物（百万ドル）[B]	250.8	380.7	391.3	451.1	621.0	646.0	1525.6	1817.7	2306.2	2681.5	1920.5	3088.0	4704.3
前年比、[B]（前年比、%）	8.6	9.5	-0.1	15.6	19.8	31.6	31.3	31.6	16.2	5.0	-13.5	26.2	14.8
総額に占める [A] + [B]（%）	53.5	51.8	51.2	55.2	58.4	60.7	65.2	69.5	70.3	67.0	67.9	69.8	69.3
中央政府													
財政収支（プライマリー収支、対GDP%）	-1.0	-0.5	-0.8	-0.1	0.3	0.6	1.1	3.3	3.5	3.6	-0.5	1.1	2.0
財政収支（総合、対GDP%）	-3.1	-2.7	-3.0	-2.1	-1.7	-1.3	-0.7	1.5	1.8	2.2	-1.7	0.0	0.9
税収（対GDP%）	12.7	12.3	12.3	12.1	12.9	13.1	13.6	15.2	15.6	15.7	13.7	14.8	15.5
歳出（対GDP%）	18.1	18.0	17.3	16.6	16.7	16.2	16.5	16.1	16.4	16.2	17.8	17.4	17.3
ジニ係数	0.545		0.525		0.530				0.500	0.476	0.469	0.458	
都市失業率（%）	9.2	8.5	9.3	9.4	9.4	9.4	9.6	8.5	8.4	8.4	8.4	7.9	

ペルー経済は急速に成長した（表3-1）。2002年から2006年にかけて，経済は4〜8％の割合で成長した。2007年以降は，2009年を除き，8〜10％台の成長を遂げた。2009年は前年の国際金融危機の影響で1％以下の経済成長にとどまった。しかし，翌年には9％に近い拡大を示した。

経済成長は輸出ブーム，特に鉱産物の輸出に起因している（表3-1）。ペルーの輸出は基本的に第一次産品からなっており，銅，亜鉛，金などの鉱産物が輸出全体の半数以上を占める。ゼロ年代に，輸出は10％以上の成長をした。とりわけ，2004年から2006年にかけては，前年比で35〜40％の高い伸び率となった。2010年の輸出額は，10年前の水準の約5倍を記録した。2009年には，前年の国際的な経済危機により前年よりも輸出額は減ったものの，2010年には成長軌道に戻っている。

同時に，経済成長は，この20年の間，一貫したマクロ経済政策がとられてきたことにも起因することを指摘する必要がある。ペルー社会のカオス状況を前に，フジモリ政権は発足直後の1990年にネオリベラリズム路線をはじめて実施する。同政権は超高率インフレを抑え，市場経済路線を政権が終わるまで進めた。フジモリ政権崩壊後も，ネオリベラリズム路線は後継政権により維持された。財政均衡（表3-1），市場経済の深化，変動相場制などの措置が継続してきた。トレド政権下の2002年6月には，インフレターゲット制が採用され，今日まで続けられてきている。

過去20年にわたり一つの経済路線が政権交代後も堅持されたのは，ペルーでは，1950年代以降においてはじめてのことである。対照的に，1980年代までは，政権が交代すると，経済路線も振り子のように大きく転換するのが常であった［Gonzáles de Olarte y Samamé 1991］。

ネオリベラリズムの継続に関し，注目されるのはガルシア政権である。社会民主主義系のアプラ党の最高指導者であるガルシアは，2006年の選挙で大統領に選出された際，社会正義の実現のため，ネオリベラリズムの「責任ある改革」を推進する必要性を訴えていた。ガルシアのこうした公約は，一方で，ネオリベラリズム路線を維持しつつも人々の社会経済状況の改善策を強化することを主張していた右派の候補との違いを示すために提起された。他方では，同路線を徹底的に批判し，国家介入主義への回帰を提案した左派の候補者との違いを打ち出すためでもあった。しかし，1位となった元軍人で左派のオジャンタ・ウマラが過半数の得票を得られなかったことから，2位につけたガルシア

と決選投票に進み，右派の支持を得てガルシアが逆転勝利する。

　こうした政治展開の中で，ガルシアは，大統領就任後，均衡財政，アメリカ合衆国との自由貿易協定の批准やその他の国との同協定締結の推進，外国投資を引き寄せるための優遇措置の継続など，ネオリベラリズムの基本的枠組みを維持する方針を示した。他方，人々の生活水準を向上させる政策については，選挙キャンペーン中に示した熱意を持って取り組むことはなかった。実質的には，ガルシアの経済政策は，フジモリやトレド政権期のものと何ら変わることはなかった。

　ガルシアは，2007年，ペルーで最も歴史の古い日刊紙『エルコメルシオ』に「菜園主の犬シンドローム」，「菜園主の犬［シンドローム］を克服する処方箋」と題する2つの論評を寄せた［García 2007a; 2007b］[2]。この中でガルシアは，民間投資の重要性を強調し，これに反対する勢力を，ペルーに豊富に存在する自然資源を開発するために何もせず，何かすることも許さない「菜園主の犬」[3]であると強く批判した。その後，ガルシアは，民間投資を含むネオリベラリズムを重視する立場に転換したことについて，アプラ党の創設者で1979年に死去するまで最高指導者であったビクトル・ラウル・アヤ・デラトレの思想を，現代の状況の変化に沿って発展させたものであると正当化した［García 2008b］。

　ガルシアの姿勢は，その第一期政権（1985～1990年）の苦い経験にも起因している。第一期政権でガルシアは，アプラ党が1931年の結党以来，歴史的に提起してきた原則，国家主導の閉鎖的な経済，民族主義，反帝国主義に基づく政策を実施した。その結果は，惨憺たるもので，ペルー社会を極度の混乱に陥れたことは前述した通りである。第一期政権の経験から，ガルシアは，マクロ経済運営を慎重に行ったのである。

　マクロ経済面の目覚ましい成果の一方，ミクロ経済面では成果が十分ではない点も同時に強調されなければならない。経済学者のシュルツによる研究書のタイトルを借りれば，「マクロ経済面でのブームとミクロ経済面での悪状況」

---

[2]　ガルシアは，翌年にも同紙に，「貧困者に反する菜園夫の犬」と題する関連論評を寄稿している［García 2008a］。

[3]　「菜園主の犬」は，"El perro del hortelano, que ni come ni deja comer al amo" というスペイン語表現に由来する。原義は，「自ら食べず，主人が食べることも許さない菜園主の犬」で，「価値のあるものを自ら利用することも，ほかの人の利用を許すこともしない人」を批判する言い回しである。イソップ物語の寓話が起源となっている。

である［Schuldt 2004］。経済成長は，人々のミクロ経済面での向上につながらず，貧困，失業，低賃金，格差といった問題が未解決となっている。多くのペルー人は，マクロ経済の成果を日常生活の面で感じるに至っていないのである。

　別の観点からすれば，ネオリベラリズムが想定する「滴り落ち」理論（teoría de "goteo"）が作用しないことが示されたといえる。ネオリベラリズムは，経済が成長すれば，その効果は，社会に雫のように浸透していくことを想定している。国家の役割を最小限にとどめる考えの帰結である。フジモリ，トレド，ガルシアの各政権は，この考え方の影響もあり，経済や社会を中長期的に発展させる具体的かつ実効的な政策を提起することもしなかった[4]。

　マクロ経済面での成果とミクロ経済面での乏しい成果は，いくつかの指標によって確認することができる。たとえば，失業とジニ係数の傾向を挙げることができる（表3-1）。都市失業率の水準は，ゼロ年代，同水準で推移し，大きな変化は見られなかった。経済成長や鉱産物を中心とする輸出の拡大とは関係なく，10％弱の水準で一貫していた。ジニ係数は，一定の水準で進められた貧困対策のために減少傾向を示してはいるものの，その割合は軽微なレベルにとどまっている。マクロ経済面での著しい成果に比べると，貧弱な結果である。

　同様に著しい改善が見られない点は，世帯所得による階層についても指摘できる。所得が高い世帯から低い世帯まで4つの範疇（低所得世帯に当たる全体の40％が範疇Ⅳ，高所得世帯の10％が範疇Ⅰ，その間をさらに，より所得の低い世帯の30％の範疇Ⅲとより高い世帯の20％の範疇Ⅱ）に分けて各々の範疇に所属する世帯の収入の合計が世帯収入全体に占める割合を示したのが図3-1である。最も低い範疇Ⅳと続いて低い範疇Ⅲの占める割合が増加し，最も高い範疇Ⅰが減少している。しかし，その変化はわずかである。

　植民地時代から続いている経済社会的格差構造は，急速で目覚ましい経済成長に比し，減少幅はわずかであり，克服されているということはできない。

　格差については，地域間に存在する格差についても指摘する必要がある。ネオリベラリズムは，地域によりその成果に違いが観察されるのである。2004年から2009年の1人当たりの月収を見るとその差が歴然としている。コスタの北部，中部，南部のいずれも全国平均を超えているのに対し，シエラとセル

---

[4]　こうした中長期的な政策の欠如は，同時に，第Ⅱ節で述べるペルー政治の構造的な問題にも起因している。

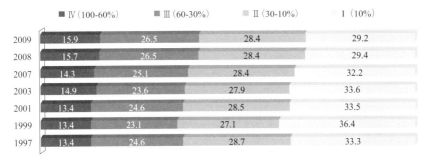

図 3-1　世帯収入別階層

出典：CEPAL［2011: cuadro 12 del anexo］に基づき筆者作成。

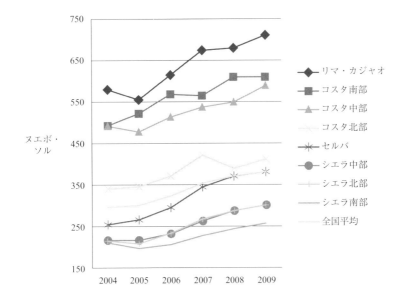

図 3-2　地域別一人あたりの月収

出典：Webb y Fernández (eds.)［2009: 418; 2010: 404］に基づき筆者作成。

---

5) ペルーは，大きく，コスタ（海岸地域），シエラ（アンデス高地），セルバ（アマゾン地域）の3つに分けられる。コスタは太平洋岸の高度 800 ～ 1,000m までの地域で，国土の 11 ％，全人口の半数以上が住む。シエラはコスタの東側，アンデス山脈の東斜面の標高 1,000m までの地域に広がり，国土の 32 ％，全人口の 40 ％弱を占める。セルバはコスタの東側で，国土の 58 ％，人口全体の 12 ％ほどがいる。首都のリマはコスタの中部に位置する。

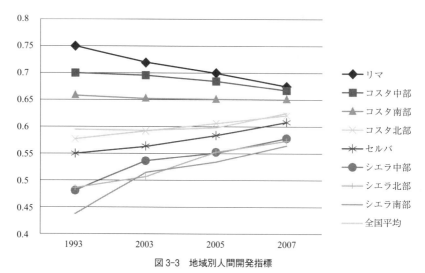

図 3-3　地域別人間開発指標

出典：PNUD［2002; 2005; 2006; 2009］に基づき筆者作成。
注：数値は，各地域に含まれる州の平均値。

バは全国平均を下回る水準で推移してきている（図 3-2）[5]。

　国連開発計画の人間開発指標も同様の傾向を示している（図 3-3）。この指標の場合は，1990 年代から続けられている貧困対策，社会支援計画により，地域間の格差は減少している。シエラとセルバの貧困度は軽減されてきている。しかしながら，より恵まれている地域は，コスタの中部，南部，北部であることに変わりはない。コスタ北部の水準は全国平均を下回っているものの，シエラとセルバの水準よりはやはり高い水準となっている。

　ペルーの地域間格差は，その近代化の過程と密接に関わっている。ペルーの近代化の過程は 19 世紀の終わりに始まり，工業化政策により 1950 年代から加速度が増した。それは，コスタ，特にコスタの中部と北部を潤したが，シエラで営まれていた農業には波及効果が及ばなかった。機械や原材料などの資本財および技術は輸入に頼ったためである。加えて，ペルーの有権者の過半数以上を占め生活水準の向上を歴代政権に求めた都市住民の歓心を買うため，海外から安い食料品を輸入し安価で提供するというコスタ住民優遇政策をとったこともあった［Cotler 1978: 286］。こうしたコスタの都市における製造業の発展政策とコスタ都市住民に対する優遇政策は農業，特にシエラの農業を没落させた。

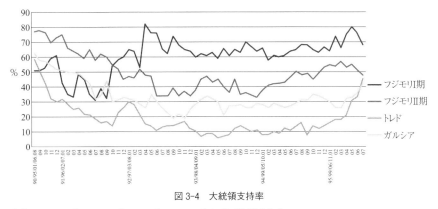

図 3-4　大統領支持率

出典：APOYO［1990-2005］，Ipsos［2005-2011］に基づき筆者作成。

　20世紀後半，ペルーは，15年，20年といった，持続的な経済成長を経験したことがなく，地域間格差を克服する機会，条件に恵まれなかった。そして，今世紀のゼロ年代に好景気を迎えたペルーであったが，地域間格差を抜本的に改善する好機としなかったのである。

II　大統領の不人気と社会紛争の増加

　主に「ミクロ経済面での悪状況」によるペルー人の不満は，大統領支持率に反映している。トレドとガルシアの支持率ならびに不支持率の推移は，同じ軌跡を描いている（図3-4）[6]。支持率は，大統領就任直後から低下傾向を示した。ガルシアの低下はトレドの場合ほど急速ではなかったものの，大統領就任後半年もしないうちに，ガルシアの支持率は50%を下回った。他方，トレドの支持率が急速に低下したのは，ミクロ経済面での向上への期待が低下したことに加え，次々に明らかとなった不祥事が大統領のイメージを傷つけたことがある。そうした不祥事には，深夜まで深酒し翌早朝に酩酊していることが繰り返された，大統領自身を含む政府高官の給与を大幅に引き上げた，与党の党員や親族の縁故採用の事例が発覚した，といったことがあった。これらにより，

---

[6]　付け加えれば，第二期政権のフジモリ（1995～2000年）もトレド，ガルシアと同様の推移を示している。これは，3人の大統領が，いずれも同じ経済政策路線をとり，同じ経済社会問題を抱えていたことを反映している。

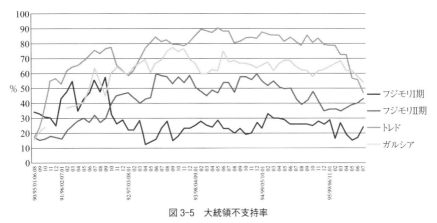

図3-5　大統領不支持率

出典：図3-4に同じ。

経済社会問題に正面から取り組む大統領の指導力と誠実さが疑問視された。

　トレド，ガルシア両大統領の支持率は50％以下に低迷し，前者の場合は，5年の任期のうちの4年間，20％以下の水準にまで落ち込んでいた。後者については，30％以下の水準に低下した状態が2年半ほど続いた。

　支持率が前述のような状況であれば，当然，不支持率は高い水準となった。トレド，ガルシアのいずれの5年間も，4年以上にわたり，半数以上の人が大統領への不支持を表明した。一時期，トレドの不支持率は90％という高い水準に達し，ガルシアの不支持率は80％を超える勢いを示した（図3-5）。不支持率は，社会階層が低いほど，また首都よりも地方で，特にペルーの南部と東部（セルバ地域）で，高い傾向があった（図3-6〜3-9）。

　他方，「ミクロ経済面での悪状況」は，さまざまな社会紛争を引き起こす原因となった。2001年9月，就任して間もないトレドの人気が低下し始めると，街頭に出て政府や政策に抗議するデモや集会に参加する人々が増え始めた。この月の終わりから同年の終わりにかけて，毎週，ペルーのどこかで最低1回の抗議行動が観察された。2002年からは，1日平均で，20件前後のなんらかの抗議行動が見られた。より具体的には，ペルーの国家警察の統計によると，2001年に1,826件，2002年に6,240件，2003年に8,532件，2004年の1月から10月までに8,956件の抗議行動 があった ［*Caretas* No.1848］。

　社会紛争に関する護民官（オンブズマン）局の報告月報も，社会紛争が時間の経過とともに増加したことを示している（図3-10）。2007年までは，護民官

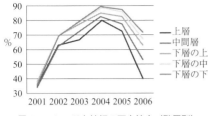

図 3-6　トレド大統領の不支持率（階層別）
出典：APOYO［2001-2006］に基づき筆者作成。
注：値は各年の平均。

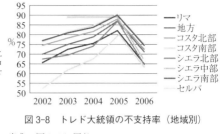

図 3-8　トレド大統領の不支持率（地域別）
出典：図 3-6 に同じ。
注：値は各年の平均。

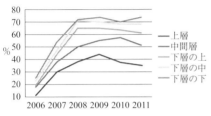

図 3-7　ガルシア大統領の不支持率（階層別）
出典：Ipsos［2006-2011］に基づき筆者作成。
注：値は各年の平均。

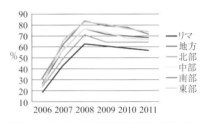

図 3-9　ガルシア大統領の不支持率（地域別）
出典：図 3-7 に同じ。
注：値は各年の平均。

局が把握した社会紛争は 50 件以下であった。それが，翌 2008 年には 50 件を超えた後，増加傾向が続き，250 件台に達した。2010 年後半からは選挙の季節に入り（2010 年 10 月に地方統一選挙，2011 年 4 月に大統領・国会議員選挙），社会紛争の総数自体は多少減少したものの，毎月 3 桁の社会紛争が記録されてきた。

　護民官局が把握した社会紛争の中で，近年，発生件数が最も多いのは「社会環境」（"socioambiental"）に関する紛争，つまり，鉱山開発をめぐる社会紛争である。概算で，全体の 3 分の 1 から半数に当たる紛争がこの範疇に入る。ペルー経済の鉱産資源輸出ブームを反映し，外資などが入り盛んに開発されるようになった状況を反映した数字ということができる。

　こうした社会紛争の中には，激しい対立が起き死者が出るに至る事例も存在する。トレド，ガルシアの各政権期に起き最も衝撃を与えた事件を 1 件ずつ紹介する。発生した場所にちなんで，「アレキパ事件」（"arequipazo"）と「バグア事件」（"baguazo"）と呼ばれる。前者は，2002 年 6 月，ペルー南部にあるアレキパで，中央政府が進めていた同地の水道事業の民営化に反対の人々がデモを

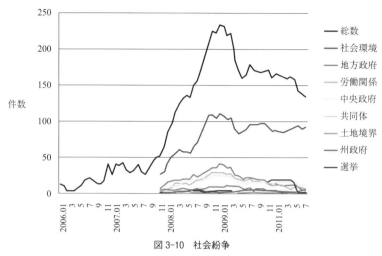

図3-10　社会紛争

出典：Defensoría［2006-2011］に基づき筆者作成。

行った。デモは途中で暴動と化し，警察がそれを抑えようとした際，デモ隊と激しく衝突し，デモに参加していた2名が死亡した。

　ガルシア政権においては，セルバの先住民が，同地域の開発のための民間投資を呼び込む目的で発した，ネオリベラル的な大統領令に反発した。2009年6月，ペルー北部のアマゾナス州の州都バグアにおいて，政府に抗議する先住民のデモが起きた。この際，先住民は何名かの警察官を人質として拘束する事態となり，警察が救出作戦を敢行した。その過程でデモ隊と警察が激しく対立し，警官24名が死亡，デモ参加者にも不特定数の死者が出た。

III　実効的な政策に関する合意ないし了解の欠如

　ゼロ年代のペルーにおいてなぜ社会紛争が絶えないのか。その基本的な原因として，国家が脆弱すぎて実効的な政策を効率的に実行できないこと，あるいは政治勢力が社会を代表しその利害を表出する力を持たないことが指摘されてきた［Grompone y Tanaka 2009］。

　こうした点が社会紛争の発生と関わっていることは認めつつ，本論は，それらの根本にある問題として，ペルー政治が制度化に乏しいこと，その結果として主要政治勢力間で合意ないし了解を形成できないことを重視したい［村上

2004]。最初に記した通り,ここでの制度とは,ある社会の成員の間で,特定の目的や価値の実現のために,明示的であれ暗黙のものであれ,承認,共有あるいは黙認される行動定型,規範,ルール,合意,了解事項のことである。社会紛争の原因として指摘されることと関連させれば,制度化に乏しいのであれば,国家の役割について合意や了解を形成することは困難となり,国家が実効的な政策を策定することも,またそれを実施することも困難となる。他方,乏しい制度化は,カウディジョ(政治的有力者)によって支配され,ペルー社会に広く根を張ることのない政治勢力によって引き起こされている。

ペルー政治は,政党などの政治勢力が個々の個別的利益を拡大することを目指し相互に覇を競い合う権力闘争の場と化す傾向が強い。その政治勢力は,垂直的,権威主義的な形で形成されるパトロン・クライアント関係を基礎に,1人の有力者(カウディジョ)によって形成される。

ペルーでは,パトロン・クライアント関係に基づいて独自の政治勢力を形成し権力を競い合うという行動定型は共有されてきた。そうした低レベルの制度化は観察されてきた。しかし,それにとどまり,主要な政治勢力の間で,政治的な意思決定過程あるいは中長期的に実施される具体的な政策に関する規範やルールの形成ないし行動定型の共有といった,高度の制度化は観察されてこなかった。国家は,パトロン・クライアント関係を維持し,拡大するための「戦利品」と考えられてきた。政治は,参加する者の間の利害を調整することは不可能で,一方の側に利となることは他方の側の損失であると捉えるゼロサムゲームと化す。こうして,政治は出口のない袋小路に陥り,軍が介入する事態が何度となく観察されてきた。権力が少数者の手にあった寡頭支配の最終段階の最中の1919年以降,立憲秩序であれ,軍の力に頼った実質的な支配であれ,12年以上続いたことがないのである[McClintock 1996: 53]。

加えて,政党をはじめとするペルーの政治勢力は,地理的な広がりの点で限界を抱えていた。歴史的に,政党とその指導者は,有権者の過半数以上が常に存在するコスタの都市部に対する関心を優先させてきた[村上 2004: 101, 109]。全国レベルに根を張り,ペルーの各地に組織的基盤を張りめぐらすと同時に中長期的に幅広い支持を維持できる政党は未だかつて現れたことがない。

アプラ党は,ペルーにおいて最も強い組織力を持つ政党である。しかし,アプラ党はコスタ北部ならびに首都リマを含むコスタ中部を主たる支持基盤の地としている。シエラ,特にその南部やセルバ地域においては,支持基盤を持続

的に有してきたわけではなかった。

　1980年の民政移管後の政治も，制度化の点では大きな進展は見られなかった。1980年代のペルーでは，表面的には，2つの右派政党（人民行動党，キリスト教人民党）と2つの左派政党（アプラ党，統一左翼）の4勢力による政党政治が展開した。しかし，主要4勢力の間では，立憲民主主義体制の枠組みを尊重する了解が存在したことは事実であるものの，他方，具体的な政策に関しては，「会合，対話，そして現実には履行されなかった合意のレトリックがあった」にすぎなかった［Tanaka 1999: 68, 84］。同時に，主要各党は全国レベルで幅広い支持基盤を社会に張りめぐらすことはなく，その存在はペルーの一定の地域に限定されていた。さらには，経済危機とテロリズムの拡大が交錯し経済社会問題が複合的に深刻化する中，そうした問題を克服あるいは緩和するに十分な政策をとることにも失敗し，国民の支持と信頼を失っていった。

　他方，ペルー社会では，経済のインフォーマル化の進行とともに労働組合など歴史的に社会の利益を表出してきた団体の重要性が低下するとともに，特定あるいは個別の利益を表出することに関心を集中させる圧力団体的な社会運動が拡大する「社会の原子化」が観察された。政党の脆弱化は，1980年代に進んだ「社会の原子化」過程と共鳴しつつ発生した。

　政党勢力が人々の信頼を失う危機的な状況において，1990年に，無所属系のフジモリが大統領に選出された。大統領就任後，フジモリは，果敢に自らのイニシアティブにより，同時に権威主義的に，経済改革とテロ対策を実施し，幸運にも助けられ，ペルー社会を安定化させることに成功する。その後，貧困層の社会経済状況を向上させる政策を熱心に進めた。多くのペルー人はその成果を高く評価し，1995年のフジモリ再選を支持した。しかしながら，同年の選挙の投票が終了し，自らの再選が確実である見通しとなった時点で，フジモリはその主要な関心を，発展の課題から，憲法の精神に反した大統領の連続三選の追求へと変える。フジモリは，そのための政治的可能性を作り上げ確実にすることに勢力を注ぐと，その過程では政権の権威主義的性格が一層強くなった。だが，経済社会問題の点で具体的な成果が感じられなくなったペルー人は，1996年からフジモリへの支持を徐々に低下させた。自らへの支持があまりにも低下したため，一時は連続三選立候補を取りやめるかと悩んだフジモリであったが，最終的には，三選後，1年で大統領を辞して副大統領に権限を委譲し，次の政権へ「移行」するための道筋を作る，という考えの下，逆風をつ

いて立候補した。そして連続三選を果たすものの,国際的には,その選挙過程が公正であるとは認知されなかった。その三期目が始まって間もなく,最も近かった大統領顧問の汚職事件が発覚し,日本訪問中に,大統領職を解任された。フジモリは,政党が脆弱化する,制度の融解過程で政権に就いた。制度の融解を前提に政治を行い,これを増幅させた。これと並行し,ペルー社会の「原子化」も進んだ。

　フジモリ政権崩壊後も,ペルー政治は制度化の点では大きな進展が見られていない。「経済の振り子」は止められ,すでに指摘したようにマクロ経済政策の一貫性,継続性が維持されてきたことは事実であるものの,主要政治勢力の間で,格差や貧困の是正,ペルー社会の発展のための積極的な政策といった,将来に向けた重要な政策課題に関しては,合意どころか了解すらも形成されてこなかった。

　2002年6月,トレド政権のイニシアティブで,「国民的合意」("Acuerdo Nacional")と呼ばれる文書が,多数の政治的社会的勢力の間で署名された。そこでは,その後の20年間にわたり追求されるべき一連の目的が記載されている。しかしながら,その中身は一般的で,優先度,実施するための具体的な過程や手段,措置については特定されていない。こうした具体性に欠ける「国民的合意」の実効性はなく,実際,その文書をまとめたトレド政権自体,予算編成に反映させるといった具体的な措置をとらなかった。トレドの後を継いだガルシア政権も,その具体的な政策に「国民的合意」の内容を組み込むことは意識的に行わなかった。ペルーは,今日に至るまで,主要政党勢力の間で,国の具体的な将来像が共有されていない。ガルシア政権では,合成形成よりも独断専行を重視する大統領の個人主義的スタイルによっても,政治の制度化に前進が観察されなかった。

　研究者の中には,トレドが大幅に支持率を落とし困難な状況に陥っていた際に,民主主義的な政治の枠組みを維持する必要性に関し主要政治勢力の責任者の間で合意が存在したことを重視するものがある［Talyor 2007］。しかしながら,その合意の重要性を強調することはできない。というのも,ほかの政治的な重要課題,特に経済社会問題に関する具体的な中長期政策に合意や了解が形成されたわけではないし,そうした合意了解形成の一定のメカニズムが構築される,機能するといったこともなかったためである。

　同時に,ゼロ年代において,ペルー政治は断片化の傾向を強めたことも指摘

表 3-2　地方選挙結果

		PAP	PP	UN	SP	AP	UPP	MNI	VV/AF/SC	PNP	その他	有効票
州	2002	1,800,715 24.1 %	1,007,784 13.5 %	644,024 8.6 %	466,148 6.2 %	441,536 5.9 %	418,046 5.6 %	215,247 2.9 %	—	—	2,476,407 33.2 %	7,469,907 100 %
	2006	1,586,429 18.5 %	130,723 1.5 %	250,567 2.9 %	43,069 0.5 %	172,099 2.0 %	474,004 5.5 %	117,001 1.4 %	195,040 2.3 %	721,988 8.4 %	4,898,627 57.0 %	8,589,547 100 %
	2010	906,349 10.5 %	148,485 1.7 %	57,613 0.7 %	160,091 1.9 %	237,334 2.7 %	80,821 0.9 %	22,461 0.3 %	336,688 3.9 %	3,308 0.0 %	6,692,707 77.4 %	8,645,857 100 %
郡	2002	1,302,440 12.1 %	834,931 7.8 %	1,901,225 17.7 %	1,575,603 14.7 %	513,382 4.8 %	245,744 2.3 %	217,509 2.0 %	70,653 0.7 %	—	4,093,420 38.1 %	10,754,907 100 %
	2006	1,716,319 14.8 %	38,561 0.3 %	2,159,590 18.6 %	620,729 5.3 %	443,254 3.8 %	660,832 5.7 %	37,998 0.3 %	316,787 2.7 %	744,532 6.4 %	4,889,632 42.0 %	11,628,234 100 %
	2010	783,581 5.8 %	205,427 1.5 %	1,812,099 13.3 %	417,568 3.1 %	422,973 3.1 %	90,507 0.7 %	33,804 0.2 %	338,567 2.5 %	22,084 0.2 %	9,489,762 69.7 %	13,616,372 100 %
区	2002	968,006 13.1 %	532,473 7.2 %	1,104,425 15.0 %	1,114,153 15.1 %	338,677 4.6 %	174,420 2.4 %	130,124 1.8 %	54,230 0.7 %	—	2,960,405 40.1 %	7,376,913 100 %
	2006	1,190,990 15.1 %	69,554 0.9 %	1,205,451 15.3 %	746,357 9.5 %	267,372 3.4 %	430,424 5.5 %	43,183 0.5 %	308,446 3.9 %	449,623 5.7 %	3,168,282 40.2 %	7,879,682 100 %
	2010	669,973 6.9 %	422,221 4.3 %	1,032,078 10.6 %	616,179 6.3 %	267,193 2.7 %	122,133 1.3 %	18,543 0.2 %	188,947 1.9 %	17,479 0.2 %	6381138 65.5 %	9735884 100 %

出典：全国選挙過程事務所（ONPE）の公式結果に基づき筆者作成。

注：四捨五入のため、各欄の合計が 100 % にならない場合がある。略語は次の通り。PAP＝アプラ党、PP＝「可能なペルー」党、UN＝国民連帯連合、SP＝「我々はペルーである」運動、AP＝人民行動党、UPP＝ペルー統一運動、MNI＝新左翼運動、VV/AF/SC＝「隣人よ、前進しよう」運動／未来連合／「我々は実行する」運動（フジモリ派）、PNP＝ペルー民族主義党。ハイフン（―）は候補者を立てていなかったか、設立されていなかったことを示す。

されなければならない。地方選挙の結果がそうした傾向の存在を示している（表3-2）。地方選挙における「勝者」は，「その他」，つまり地方運動や無所属系の勢力であるが，その間には，有機的なつながりが存在するわけではない。同時に，州，郡，区の3つのレベル，いずれにおいても勝利する，あるいは一定の得票力を持つ政治勢力が存在しないことに注意を向ける必要がある。たとえば，アプラ党や「可能なペルー」党は，州レベルで一定の得票をしたものの，郡や区レベルでは貧弱な結果に終わっている。国民連帯や「我々はペルーである」運動といった勢力は，郡や区レベルでは一定の勢力を有しているが，州レベルでは同レベルの得票ができていない[7]。

政治の断片化は，社会運動にも影響を及ぼしている。全国レベルで勢力を展開する政党が存在せず，またその内部では個人支配の状況にあることと軌を一にし，社会運動も地域的に断片化し，水平的なつながりが弱い傾向がある。前述の「アレキパ事件」や「バグア事件」は，他地域の同様の運動やほかの社会運動に波及効果を及ぼすことはなく，社会紛争の「特定地域の一事例」にとどまった。

改めてまとめると，ペルーの主要政治勢力は，意思決定過程や合意形成に関する制度化に失敗してきた。社会の目標とその達成のための具体的過程という点に関し合意することについても，大きな前進が見られていない。1990年代からマクロ経済面については基本的な了解が存在してきたことは事実であるものの，経済ブームやマクロ経済的な安定を基にいかに社会を発展させるかについての具体的な道筋や，そうした道筋における国家の役割について議論され，社会に一定の了解が存在するにまで至ることはなかった。

Ⅳ　2011年選挙過程

2011年1月10日に大統領候補者の立候補が締め切られ選挙戦が本格的に始まった時点で，有力な大統領候補だった（図3-11）のは，支持率調査の上位順で，元大統領のアレハンドロ・トレド，フジモリ元大統領の長女ケイコ・フジモリ，元リマ郡長（市長）のルイス・カスタニェダ，そして，前回の2006

---

[7]　より細かく得票状況を見ると，国民連帯や「我々はペルーである」運動は，首都を含むリマ郡において一定の勢力を有しており，地理的な限界がある。州レベルにおけるアプラ党と「可能なペルー」党の得票も，ペルー全土で偏りなく得票しているわけではない。

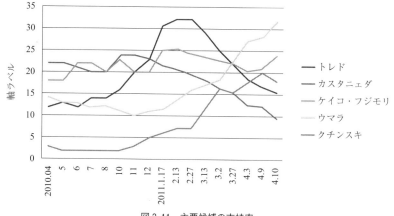

図3-11　主要候補の支持率

出典：Ipsos [2010-2011] に基づき筆者作成。
注：全国レベルの世論調査結果。「4.10」は投票結果。

選挙において1位で決選投票に進みながらガルシアに敗れた左派のオジャンタ・ウマラの4人だった[8]。トレド政権期に経済相や首相を務め，後に支持を伸ばすこととなるペドロ・パブロ・クチンスキは，泡沫候補の1人にすぎなかった。与党アプラ党からは，ガルシア大統領の肝いりで，党員ではないメルセデス・アラオス元経済相が立った。しかし，不人気の与党の看板を背負い有権者からの支持が集まらない中，無所属系の専門家からの協力もほとんど得られずに落胆し，最後は，与党幹部の1人との間で生じた対立を契機に立候補を辞退した。

　緒戦でトップに立ったトレドは，ガルシア政権への批判を通じ，変革の候補と認識されることで支持を獲得していた。すでに見たように，ガルシア政権は，1990年代のフジモリ政権が始めた新自由主義路線を継承する政策をとってきた。マクロ経済的な安定と鉱業分野への外国投資などによる第一次産品輸出の繁栄で，高い経済成長を記録した。だが，国家機能が不備で，貧困や格差，低賃金などミクロ的，構造的な課題が未解決のままである。そうした中で変革を求める声が高まった。当初，そうした声を集めたのはウマラであったが，トレドが大統領選挙への立候補を意識して活動を始めた2010年半ば，格差や貧困などについてガルシア政権を批判し，支持を徐々に伸ばした。反対

8）　大統領選挙には，13人が立候補の届け出を行った。だが，2名が1月に，1名が3月に立候補を辞退した。ただし，印刷の関係で最後の1名は投票用紙に記載されたままとなった。

に，支持率調査で，ウマラへの支持は漸減した（図3-11）[9]。

　緒戦で2番手につけたケイコ・フジモリは，フジモリ政権期の肯定的な側面，特に貧困対策や地域振興の実績を評価する一定の有権者が存在したことから，20%前後の支持を維持した。他方，ケイコ・フジモリとほぼ同水準の支持率を得ていたカスタニェダは，支持が伸びず，むしろ低下傾向にあった。それは，まず，「公共事業に語らせる」との態度をとってあまり発言せず，口を開いても，リマ郡長時代の仕事振りをアピールすることに終始し，大統領当選後の政策を訴えることがほとんどなく，大統領としての資質の片鱗も有権者に対し示すことができなかったためである。また，2010年9月の地方選挙で，新リマ郡長に，カスタニェダの立場に近い中道右派の国民連帯（Unidad Nacional）の候補者，ルルデス・フロレスを抑え，左派系の社会勢力（Fuerza Social）の候補者，スサナ・ビジャランが当選したことから，次期郡長（任期の開始は2011年元日）の下で実施される監査により，カスタニェダの汚職が明るみになると考えられたことがあった[10]。つまり，そうした問題を抱える可能性が予想されたカスタニェダは，ほかの政治勢力と選挙連合を組んだり，選挙協力をすることができず，自らへの支持にプラスする要素も持ち合わせていなかったのである。

　注意すべきは，トップを走っていたトレドでも30%強の支持を得るのが最大で，トレドを含めいずれの候補も，当選に必要な有権者の過半数以上の得票を狙えるほどの支持を得ていなかったことである。すでに指摘した，有力者を中心に展開するペルー政治で歴史的に観察され，1990年代から強まった小党分裂傾向が改めて確認されたのである。

　分裂傾向は左右両派で見られた。右派については，前述の通り，クチンスキはトレド政権で閣僚だった。また，カスタニェダは，トレドが当選した2001年選挙でトレド支持に回った。こうした点からすれば，まとまることもできた3人が，各々立候補し，相互に力を削いだのである。また，左派もウマラで一本化できなかった。特に，前年の地方選挙でリマ郡長を当選させた社会勢力が独自の候補を立てたことは，左派の分裂を印象づけた。

9）　また，この頃，ウマラは主にペルー南部の支持基盤固めに従事し，公に発言したり姿を現したりすることがなかった。こうしたことも，ウマラへの支持の低下の背景にあった。

10）　実際，選挙戦中の2011年3月半ばに，ビジャランは，カスタニェダ期における「不透明な支出」の存在を指摘した報告書を公にした。

表 3-3 主要候補の支持率（地域別・階層別）

		ウマラ	K.フジモリ	トレド	カスタニェダ
	全体	12.5	20.5	18.4	20.5
中央地方	リマ	9.5	21.5	16.3	24.5
	地方	14.7	19.9	20.1	17.5
地域	北部	11.7	19.9	21.8	17.6
	中部	13.5	22.1	19.5	19.3
	南部	18.8	17.2	15.0	19.3
	東部	15.2	20.9	25.8	11.6
階層別	上層	3.2	11.3	24.9	18.4
	中間層	6.9	12.8	21.8	25.1
	下層の上	11.7	18.5	17.9	23.8
	下層の中	14.5	24.3	16.8	19.9
	下層の下	15.8	26.4	18.2	13.3

出典：Ipsos［2010-2011］に基づき筆者作成。
注：数字は，2010年4月から2011年3月までの調査の平均値。灰色は「全体」よりも高い数字の場合を示す。

　同時に，いずれも，ペルー各地から幅広く支持を集められる候補ではなかった。トレド，ケイコ・フジモリ，カスタニェダは，主に，首都リマを含むペルー中部から北部[11]の支持に依存していた。ウマラは，ペルー南部，特にそのアンデス高地から支持を得ていた（表3-3）。従来から観察されてきた，こうした地域的な断片化の傾向も，2011年選挙で改めて示された。20世紀初頭前後のペルーの近代化開始以降，なんらかの発展が起きる度に，その展開が中部から北部にかけての海岸地域に集中し，南部を中心にアンデス高地が取り残されてきたことを反映している。近年の新自由主義による経済の拡大も，両地域の間で勝者と敗者を分けたことはすでに指摘した。

　さらに，各主要勢力とも，最有力者が大統領候補者となることが既定路線として決まっている状態だった。2003年の政党法制定以降，内部選挙により候補者を選出することが政治勢力に求められている。選挙管理機関に対しては，いずれの主要勢力も，それぞれ，党員による秘密投票の内部選挙により候補者

---

[11]　すでに述べたように，ペルーの中部から北部の海岸地域は，同国の中でも有権者が最も集中している地域である。2011年選挙の場合，有権者全体の半数，50.3％がこの地域に居住していた。

が選出されたと報告した。しかし実態は，公正な内部選挙過程は観察されなかった。党内過程に対する強い影響力と実質的決定権を持つ最高指導者が大統領候補になったか，それが選んだ人物が大統領候補となった。トレド，カスタニェダ，ウマラ，クチンスキが前者で，ケイコ・フジモリとアラオスが後者である[12]。投票が行われた場合でも形式的で，なんらかの形でその公正さが示された事例は存在しなかった。公正な内部選挙がなされない場合の罰則規定がないほか，その実施のために協力できると政党法が謳っている選挙管理機関は，個々の政治勢力の全内部過程を具に監視する財源も人員も有していない。

続いて，選挙戦の展開をより詳しく見る（図3-11）。緒戦優位だったトレドは，選挙戦が進むにつれ支持を低下させた。低下の一因は，当時の支持率のレベルに鑑み，決選投票に進めるとの判断の下，選挙戦では，変革に向けた自らの政策を積極的に訴えるよりも，他候補への攻撃や，大統領在任時の「実績」を強調するキャンペーンを展開したことにあった。すでに勝利を手にしたかのような振る舞いを見た有権者の一部が辟易したのである。また，ほかの候補との論点設定が的外れだったなどのミスも重なった。特に，前述の経緯からすれば，トレドはウマラに対し十分に警戒すべきだったが，ウマラを意識した発言や論点設定をしなかったことが致命的であった。

代わって支持を伸ばしたのはウマラである。トレドへの支持は，ウマラから移った支持で伸びていたことからすれば，ウマラは支持をトレドから取り戻したのであった。

ウマラとともに支持を伸ばしたのはクチンスキである。その原因は，公にはしなかったものの，ガルシア大統領が背後から支援したことである[13]。ガルシアは，2001年の選挙で敗北を期したトレドとも，また前回2006年の選挙で競り合ったウマラとも反りが合わない。2008年3月に，次の2016年選挙で三期目の政権を狙う意思を表明しているガルシアにとって，後継大統領はトレドでもウマラでもない人物が望ましい。そこで，最初に梃入れをしたのはカスタニェダであった。候補者の支持率調査では，決選投票の場合，ケイコ・フジモ

12) 各主要勢力の状況については，Méledez ed. [2011] 所収の論文が詳しい。左派の社会勢力の候補も，ビジャランが実質的に決定した。
13) ガルシアは，広報専門家のアプラ党員で緊密な協力者でもあるウゴ・オテロをクチンスキの下に送り，そのイメージアップと選挙宣伝に協力させた。ガルシアは，2009年3月に，「ペルーの大統領は，自ら好む人物を後継大統領にはできないが，好まない人物が大統領に当選することを阻止できる力を持つ」旨発言し [*El comercio* 25 de marzo de 2009]，物議を醸したことがある。

表 3-4　2011 年選挙結果

	一次投票	決選投票	議席数
ウマラ (「ペルーが勝利」連合)	4,643,064 (31.7%)	7,937,704 (51.4%)	47
ケイコ・フジモリ (「勢力 2011」連合)	3,449,595 (23.6%)	7,490,647 (48.6%)	37
クチンスキ (大変革連合)	2,711,450 (18.5%)	-	21
トレド (「可能なペルー」連合)	2,289,561 (15.6%)	-	12
カスタニェダ (国民連帯党)	1,440,143 (9.8%)	-	9
その他	113,350 (0.8%)	-	4
有効投票	14,647,163 (73.4%)	15,428,351 (77.3%)	
白票	1,477,696 (7.4%)	116,335 (0.6%)	
無効票	574,875 (2.9%)	921,711 (4.6%)	
投票総数	16,699,734 (83.7%)	16,466,397 (82.5%)	
有権者数	19,949,915	19,949,915	

出典：国家選挙過程事務所（ONPE）の公式発表に基づき筆者作成。
注：各候補者（政党）の得票数，有効投票に占める割合，獲得議席数を示す。「有効投票」以下の項目の割合は，有権者数に占める割合。「その他」の 4 議席は全てアプラ党が獲得。

リはウマラが相手となった場合のみ勝利の可能性があるのに対し，カスタニェダはどの候補との決選投票でも互角に戦える可能性を持っていたためである。だが，カスタニェダへの支持が低下したため，ガルシアはクチンスキへの支援を秘密裏に開始した。

　4月6日の投票は，ウマラとケイコ・フジモリが決選投票へ進む結果となった（表 3-4）。一旦低下し始めたカスタニェダとトレドへの支持は回復しなかった。ガルシアの梃入れでクチンスキは支持を急速に伸ばしたものの，ケイコ・フジモリには届かなかった。トレド，クチンスキ，カスタニェダが票を分け合う中で，一定の水準の支持を維持してきたケイコ・フジモリが，頭一つ抜け出

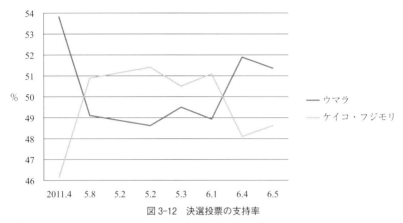

図 3-12　決選投票の支持率

出典：図 3-11 に同じ。
注：全国レベルの世論調査結果。「6.5」は投票結果。

た結果となったのである。

　決選投票へ向けては，マイナス点を持つ両者が互角で進んだ（図 3-12）。ウマラは前回の 2006 年選挙での急進左派のイメージが強かった。ケイコ・フジモリは，父親の政権下での汚職や権威主義的性格による負のイメージを払拭できないでいた。4 月は，急進派との印象を変える先手を打ったウマラへの支持が勝った。ノーベル賞作家のマリオ・バルガス・ジョサなど反フジモリ派の著名人や，トレド派，人権団体などが「より民主的」としてウマラ支持を打ち出した[14]。それに呼応する形で，ウマラもブラジルのルーラを理想として掲げ，穏健路線で行くことを強調した[15]。

---

14)　2009 年 5 月 24 日に，ウマラとケイコ・フジモリによる決選投票となった場合について尋ねられたバルガス・ジョサは，「HIV か，末期がんか。ウマラとケイコ・フジモリが意味するものはそれである。そうした二者択一を強いるほど，我が同胞に分別がないとは，私には到底思えない」と一蹴したことがあった［*El comercis* 25 de mayo de 2009］。決選投票に向けて，バルガス・ジョサはこの発言を忘却した。

15)　ウマラは，前回の 2006 年選挙では，ベネズエラのウゴ・チャベスとの親密な関係を前面に出した選挙キャンペーンを行い，その急進性のため，1 位で決選投票に進みながら敗北した経験を持つ。今回の選挙は，選挙綱領で急進的な路線を明示したほか，ほかの急進左派勢力と選挙連合を形成するなど，選挙戦の最初では急進路線を示したものの，キャンペーンでウマラが発するメッセージはルラを理想に掲げての穏健な方向性を前面に出したものにした。ウマラが穏健左派の方向性を打ち出した背景には，前回の選挙で敗北したことについて省察するようルーラが説得したことに加え，勝利を意識して現実主義路線を選択することを自ら決定したことがあった。

5月に入ると，クチンスキやカスタニェダなどの支持をとりつけたケイコ・フジモリが優位となる。ウマラの急進性に対する懸念が財界などに生まれ，国家介入主義を表明していた選挙綱領を「改定」するなどの「穏健化」を打ち出したウマラが非一貫的との批判を受けたためである。これに対し，5月半ばから，ウマラ側がフジモリ政権期の負の側面を批判するキャンペーンを展開し，反撃に出た。

　この流れが結果的にウマラの辛勝につながった。得票率の差は2.9%だった（表3-4）。選挙宣伝やウマラとの討論会を含め，ケイコ・フジモリは論争の争点設定で常にウマラに先手を許し，最終的にはこれが致命的となった。

　国会議員候補の人選や地方でのキャンペーンを含めケイコ・フジモリの選挙運動が的外れであることが多かったのは，本人が若く経験不足だったことが一因である。同時に，フジモリ派の選挙参謀を務めたハイメ・ヨシヤマの責任も大きい。テクノクラートタイプのヨシヤマは，政治感覚には乏しく，選挙戦の各場面で的確な政治的判断を下すことができなかった[16]。

　ウマラが地方でかなりの得票を挙げたことは事実である。だが，ケイコ・フジモリのリマでの得票が十分に伸びなかったことも事実である。この点は，今回の決選投票と似た状況だった1993年の新憲法国民投票の結果と比較すると理解できる。新憲法を肯定するフジモリ派の辛勝となったこの国民投票では，フジモリ派は60%の得票をした。今回の選挙でのフジモリ派のリマにおける得票は，この水準よりも2ポイントほど低かった。

---

16) 決選投票に向け，フジモリ陣営は票田のペルー北部と中部にキャンペーンを集中させ，ウマラ支持の多い南部にケイコ・フジモリが乗り込むことはなかった。逆に，ウマラは，支持が薄かったペルー北部に積極的に切り込んだ。5月にフジモリ有利の情勢が生じた際には，「すでに勝利した」と過信し，フジモリ陣営内では政権の人事の話が始まる始末であった。こうした点に，ヨシヤマの政治感覚のなさが現れている。他方，ルーラに近づいたウマラには，チャベスによる資金提供の下，選挙戦でルーラに協力したブラジル人の広報専門家がアイディアやアドバイスを提供した。そのセンスの良さは，たとえば，決選投票に向けてのテレビでの広報の違いに現れている。ウマラの宣伝は，ごく一般のペルー人に，生活苦について語らせ，その克服に向けてウマラに期待する旨の内容で，候補者が出演しない，ペルーでは画期的なものであった。それに対し，ケイコ・フジモリの宣伝は，候補者自身がその政策を淡々と終始語る内容で，候補者の売りであった親しみやすさ（simpática）がまったく感じられない宣伝であった。

おわりに
── 有力な左派政党の不在と政治の制度化の課題

　選挙戦で「穏健化」を表明したウマラは，ガルシア前政権期に中央銀行総裁を務めてきたフリオ・ベラルデを留任させ，経済財政大臣に同じくガルシア前政権期に財務次官を務めた経験を有するルイス・カスティジャを任命するなど，マクロ経済運営の面で従来の方向性を維持する意思を示した。同時に，社会的包摂（inclusión social）の推進を前面に打ち出し，ネオリベラリズムの負の遺産を解消することを目指すことを明らかにした。政権発足後には，鉱山業界との間で新たな課税（gravamen）について合意し，国際労働機関第169号条約において規定された自決権や土地の権利などの先住民の諸権利に対する特別な配慮の現れとして，開発をする場合にその土地の住民に事前の照会をすることを義務づける法律（Ley de Consulta Previa）を承認する，社会的包摂を進めるための社会包摂省を新設するなど，細かな成果を挙げた。そうしたことが人々の期待感に加わり，当初，支持率は高い水準を示した。

　その後，ペルー北部のカハマルカにおけるコンガ鉱山開発計画に反対する地元との対立が拡大し，大きな問題となった。政府は，上記の税収率向上のため，積極的に外資の導入を図っており，コンガ開発も，その目玉の一つであった。結局，地元住民の大多数が反対しているとの世論調査が明らかになり，2012年8月に，開発計画は一旦凍結され，開発する企業側が地元の自然保護と社会開発を進めることとなった。ただ，コンガ開発をめぐる対立が先鋭化した間，政権1年目にして，ウマラは，2011年12月と2012年7月の2度，首相の交代を決断せざるを得なくなった。

　首相の交代は，ウマラを支える勢力の力関係の変化を反映していたが，同時に，大統領とナディン・エレディア大統領夫人との二人三脚体制ないし共同統治（cogobierno）を招来した。発足直後のウマラ政権は，(1)与党ペルー民族主義党（その急進性を抑えていたのがエレディア夫人），(2)共産党でもアプラ党でもない革新勢力として1960年代に形成された「新左翼」諸勢力の出身者で，2011年選挙に際しウマラ支持へと回った左派の指導者・知識人（旧マリアテギスタ統一党系で，ふかふかの絨毯の上で左派議論をする「キャビア左派」と揶揄される穏健左派の人々が中心だが，「革命前衛」出身で，社会主義党党首のハビエル・ディエスカンセコ議員など急進左派も一部含まれる）[17]，(3)カスティジャなど新自由主

義派テクノクラート,(4)アドリアン・ビジャフエルテなどウマラと同様の元軍人グループ,の4つが主たる支柱となっていた。(2)のサロモン・レルネルが最初の首相となって中道左派を中心とする内閣が作られ,他勢力との間では,首相とエレディア夫人が,経済路線や社会包摂など主要な政策を調整する軸だった。軍,警察関係は,ビジャフエルテが同様の役割を担った。

　深刻化しつつあったコンガ問題をめぐり,対話重視のレルネル首相など(2)と,秩序回復重視の元軍人派(4)の対立が高まり,後者の軍人出身のオスカル・バルデスが首相となった。この首相交代で,穏健左派の指導者・知識人のほとんどが政権を離脱し,政権は右派の色彩を帯びた。だが,バルデスの下でもコンガ紛争は深刻化の一途をたどり,住民と治安部隊の衝突で流血と死者が出る事態にまで至る。その過程でバルデスとウマラの間が疎遠となる一方,大統領と大統領夫人の二人三脚体制が固まった。エレディア夫人が,「実質的首相」といっても過言ではない状況である。バルデスの後任として首相に任命されたファン・ヒメネス（Juan Jiménez）は弁護士で,前任者の時の右派色は薄まった形となった。

　コンガ紛争の先鋭化とともに,大統領支持率も低下した。2011年12月には50%を割り込んだ。それから,内閣改造,いくつかの新規の社会包摂政策の開始,チリとの海上の国境紛争をめぐるナショナリズムの高まり,大統領自ら地方視察に出る回数を増やし社会包摂政策をアピールすることに努めるなどして支持率を50%台に戻した時期もあった。しかし,新たな鉱山開発紛争,毛沢東主義系の反政府武装集団センデロルミノソ活動地域での対策の不手際などから支持が低下し,2012年6月からは不支持率が支持率を上回るのが常態となっている。そうした中,2013年10月,14年2月と7月の3回にわたり,首相を交代させ,政権の舵取りをスムーズにしようと試みてきたが,選挙綱領と

---

17) これらの左派は,共産党でもアプラ党でもない革新勢力として1960年代に形成された「新左翼」諸勢力の出身者からなる。したがって,その基本的性格は,共産党とアプラ党に対しては敵対的である。また,その政治活動は軍事政権期（1968～1980年）に重なったことから,人権問題など,軍に対しても厳しい姿勢をとる。さらに,フジモリ政権期にその権威主義性に反対したことから,反フジモリ派でもある。ウマラの起点となった民族主義は,その父親イサク・ウマラの考え方に起源があり,イサク・ウマラ自身,「新左翼」勢力の一つ革命左派運動の出身である（その武装路線に反対して脱退し,独自の民族主義路線を追求）。そうした観点からすれば,ウマラが共産党の流れをくむ「赤い祖国」と2011年選挙で連携できなかったのはやむを得なかった面がある。

は正反対のネオリベラリズム路線を基本的に変えない姿勢を貫くウマラ政権に対し，与党の一部が反発し，離脱する事態も 14 年 7 月に起きた。大統領支持率の軌跡は，前任のガルシアのものとほぼ同一となっている。

ウマラ政権はすでにその任期の後半に入っているが，社会的包摂の具体的な実現策や手段の全体像はまだ明確となっていない[18]。また，それらに関する合意や了解が主要政治勢力の間で形成される兆候も未だ現れてはいない。そうした点での制度化が進展するか否か，という点が，ウマラが一貫した路線を維持できるか，そしてウマラがモデルとするブラジルのように，効果的な政策を実施できるか，といった点と関連し，重要な課題となっている。

制度化との関連では，ウマラが任期を全うすれば，「ペルー政治 12 年のジンクス」が破られることになる。ペルーは，いかなる形態の政治も，12 年以上続いたことがない国として知られる［村上 2004］。フジモリ期の権威主義的な政治が終了し 2001 年から始まった政治の民主的な枠組みが中断されることなく継続するのか。これは，まずは，前述の通り，ウマラの施政にかかっている。

ただ，課題はこれで終わらない。ラテンアメリカを見回せば，民主主義の維持だけではなく，その中で，国家や社会の方向性に関する合意ないし了解が作り出されるブラジルやチリなどの例が現れている。ペルーも，12 年のジンクスの主要な原因の一つとなっている有力政治家個人の争いに政治が還元され，合意や了解事項が形成されない状態［村上 2004］が解消されるであろうか。歴史的な地域間格差の解消も含めた画期的な一歩に向けて，第一義的には，ウマラのみならず，2011 年の選挙で顔を揃えた候補者達の指導力と決断力が問われている。もしそうした方向にペルー政治が動くとすれば，それは，ネオリベラリズムへの不満を体現する有力な左派勢力が現れていないことから不安定となっているペルー政治にとって，安定化に向けた最初のステップとなるはずである。

---

18) この点に関連し懸念されるのは，ウマラが確たる大統領像を思い描いてきていない，具体的な政策や社会のあり方について深慮していない，あるいは，任期を無難に務め上げることに主たる関心を向けていることである。ある記者は，2002 年にウマラと会って四方山話をしていた際，「大統領の話はするな。それは，ナディンの関心だ」と発言したことをいまでも鮮明に記憶している［インタビュー 2012.9.4 リマ］。また，2011 年 7 月に大統領に就任した前後，ウマラに近い人物は，大統領として何をどうしたらよいか，思いあぐね，時間をもてあます姿を何度も目撃している［インタビュー 2011.10.14 リマ］。

第II部
政党政治の安定化と課題

第4章

ブラジルにおける争点政治による政党政治の安定化と非エリート層の台頭

住田育法・村上勇介

扉写真：2014年7月に開催されたBRICS首脳会議のホストを務めたジルマ大統領。

　1990年代，ネオリベラリズム政策によってようやく超高率インフレを抑え込んだブラジルであったが，当時，ブラジルが世界の中で今日のようなプレゼンスを示すとは，誰もが予想していなかった。その変貌には経済成長を可能にした，政治のダイナミズムがあった。
（写真：ブラジル大統領府）

はじめに

　ブラジルは，いまや，BRICS（経済新興国）の一員として，中国，ロシア，インドと並び，世界の舞台で一定の存在感を示している。だが，時計の針を少し戻せば，たとえば，1990年代半ばの時点では，ブラジルは，超高率インフレ（ハイパーインフレ）を抑え込み，20年以上にもわたり直面してきた経済の不安定からようやく脱しようとしていたところであった。ブラジルは，ラテンアメリカの中で最も遅く，ハイパーインフレの抑制に成功した国であった。そんな当時，ブラジルが今日のようなプレゼンスを有することを予想した者はだれもいなかった。世界で5番目の広さとなる，南アメリカ大陸の半分弱の領域を国土とするブラジルは，20世紀を通じ，「未来の大国」として未来形，しかもかなり先の未来形で語られていた。それが，現在のブラジルは，世界規模の影響力を持つグローバルプレーヤーとしての片鱗を覗かせるに至っている。

　ブラジルの大きな躍進には，ネオリベラリズム路線により1990年代に経済再建を図った後，到来したコモディティ輸出ブームの波に乗って，経済が順調に高成長を遂げたこと寄与していることはつとに指摘されてきたことである。その一方で，そうした経済成長を可能にした政治のダイナミズムが存在したことが注目されることはまずない。本章は，過去30年弱の間にブラジルで観察された政治力学に焦点を当てる。

　1990年代以降のブラジルの政治過程は，それまでの政治のあり方を変貌させるものであった。少なくとも1980年代末までは，政治的有力者を中心とした個人主義的な政党による小党分裂の傾向が強い国であり，政党政治が不安定な国として，ペルーと並んで論じられていた。それが，30年近く経てみると，引き続き不安定なペルーとは対照的に，ブラジルの政党政治は安定化してきた[序章]。この点について，新自由主義政策によってハイパーインフレを終息させたブラジル社会民主党（Partido da Social Democracia Brasileira, PSDB）のエンリケ・カルドーゾ政権（1995〜2002年）と格差是正を目指した労働者党（Partido dos Trabalhadores, PT）のルイス・イナシオ・ルーラ政権（2003〜2010年）の意義に注目しなければならない。カルドーゾとルーラによる政治によって，それまで繰り返し観察されてきた小党分裂状態による政治的停滞状況の克服に成功したのである。それは，ネオリベラリズム路線をめぐる争点政治が展開したことを意味し，ブラジル政治の展開に新たな一頁を刻んだのであった。

同時に，ルーラ政権の誕生は，それまでのブラジル政治を独占してきたエリート層の出身ではない政治家を，貧しい地域に居住する人々が支持し，そのようにして勢力を拡大した政党が権力を握ったことを意味した[1]。1985年の民政移管後に制定された1988年憲法には，文民統制の下での大統領制に基づく民主主義とともに，社会格差の是正や社会正義の実現が謳われた［矢谷1991: 14-38］。だが，憲法に規定された統治機構の実際の運用においては，エリート偏重の状況が続いていた。ルーラ政権は，その成果については課題も多く残されているものの，少なくとも，エリートに向きすぎてきた政治のあり方に修正を迫ったのであり，その点でも，特筆されるべきである。

以下では，まず，軍政までの政治を概観し，政治が不安定な一方，エリート支配の構造が続いてきたことを述べる。続いて，1985年の民政移管から1990年代前半までの伝統政治の継続とネオリベラリズム改革の進展を見る。そして，カルドーソのPSDB，ルーラPT両政権の時期に焦点を移し，ネオリベラリズム路線の浸透と継承に関する考察を進める。

I　1985年の民政移管まで

ブラジルは過去3度，民主主義の波を経験している。歴史をさかのぼる形で確認すると，3度目はネオリベラリズムの浸透以後現在の展開，2つ目は第二次世界大戦終了直後から軍政まで，そして第1の波は，1889年帝政崩壊から1930年革命に至る旧共和制の時期である［Weyland 2005］。

ブラジル社会は1888年まで黒人奴隷制度を続け，それが廃止された翌年すなわち1889年まで，政治制度はポルトガルのブラガンサ王家による帝政であった。21世紀のブラジル政治を考える時，「未だ民主主義の歴史が浅い国である」ことがしばしば強調される。その意味するところは，「汚職や貧困など多くの問題を抱えるが，120年ほど前までは奴隷制度が存在していたのであり，短期間における近代化の過程を理解すべきである」というものである。

帝政が崩壊して共和政に移行し，アメリカ合衆国の連邦制を範とした最初の共和国憲法が1891年に公布された。同憲法では民主主義が謳われていたが，

---

1) ルーラは，貧農の家族のもとに生まれ，歴代のブラジル大統領には前例のない極貧も経験している［アンドレ・シンジェル（サンパウロ大学教授）とのインタビュー2011年8月4日サンパウロ］。

地方ボス（コロネル）政治が支配する伝統的な寡頭支配の政治が続いており，この時代を旧共和制と呼んでいる。地方ボスでも最有力だったのは，サンパウロ州のコーヒー地主とミナスジェライス州の牧畜地主で，両者が密約を結んで大統領を交互に出したことから，「ミルクコーヒー政治」と揶揄された（サンパウロ州の生産物コーヒーとミナスジェライス州のミルクから）。

「ミルクコーヒー政治」による寡頭支配は，1930年にジェトゥリオ・ドルネーレス・ヴァルガスが登場するまで続く。1929年10月，ニューヨーク株式市場（ウォール街）の崩壊に始まった世界恐慌によってコーヒー価格が大暴落し，世界生産の60％以上を占めていたブラジルのコーヒー経済の繁栄が終わる。この時，反サンパウロ，反寡頭支配を掲げたクーデター（1930年）で新指導者ヴァルガスが登場し，独裁体制のもと，農業に替わる工業化を積極的に進めた。

第二次世界大戦の終結とともにヴァルガスの独裁体制が終わり，アメリカ合衆国の自由と民主主義理念の影響が強まる中で，1945年から1960年代にブラジルは民主主義の第二の波を迎えた。1946年の新憲法公布後，1950年に実施されたブラジル初の民主的選挙により，ヴァルガスは再び大統領になる。だが，その民衆寄りの姿勢が軍との軋轢を招き，1954年にヴァルガスは衝撃的な自殺を遂げる。それでも，ヴァルガスが推進した工業化重視の政策はミナスジェライス州出身のジュセリーノ・クビシェッキによって引き継がれる。クビシェッキ大統領後にジャニオ・クアドロス，さらにヴァルガスと同じ南部出身のジョアン・ゴラールという歴代の大統領によって，外交ではキューバや中国など第三世界へ接近し，国内では労働者重視の政策をとる政権が登場する。

しかしながら，政治ボス主導の国内政治は安定化する道筋を描けず，1959年のキューバ革命の影響もあり，逆に混乱の度合いを増した。そうした中，1964年3月にクーデターが発生し，長期軍事政権が始まる。

軍事政権は権威主義的な開発優先政策をとった。クーデターによってゴラールなどに代表された左派的民族主義が否定される中，親米反共の軍事政権が，その後21年間続いた。その下では，人権抑圧などの負の側面も顕著となっていった。他方，国家主導の積極的な外資導入による開発政策によって，「奇跡のブラジル」と呼ばれるほどのマクロ経済の成長を果たした。

また，軍事政権は，発足後，1965年の軍政令第2号を公布し，既存政党の解散を命ずるとともに，与党の国家革新同盟（Aliança Renovadora Nacional,

ARENA）と野党のブラジル民主運動（Movimento Democrático Brasileiro, MDB）の2大政党制を創設することを宣言した。いうまでもなく，この二大政党は，軍事政権からの統制を受けた存在であり，自発的に政治活動ができる主体ではなかった。

1970年代に入ると，経済的に行き詰まり始めたところに国際的な石油危機の影響から景気が落ち込み，軍政は追い詰められた。1970年代後半に，軍事政権は一定の政治的な自由を認める開放政策を進め，その限りにおいて自由化が進んだ。1979年には，軍政が新党結成を認める新法を成立させるなど，民主主義の波が再び盛り上がる兆候が出始める。新法を受け，軍政2大政党与党ARENAが民主社会党（Partido Democrático Social, PDS）に，野党MDBがブラジル民主運動党（Partido do Movimento Democrático Brasileiro, PMDB）にそれぞれ生まれ変わった。

1979年6月に政治特赦法が成立し，5,000名にのぼる追放者，政治犯が特赦の対象となり，国外追放となっていた元リオグランデドスル州知事のブリゾラやブラジル共産党（Partido Comunista Brasileiro, PCB）の元議長であったルイス・カルロス・プレステスらが帰国した。この時，ブラジル共産党に対抗する社会主義勢力によって，後に政権をとることになる左派のPTが結成された。その中心となったのが，後に大統領となるルーラであった。ルーラは，ブラジルで貧しい地域として知られる北東部にあるペルナンブコ州の生まれで，当時，ルーラは，ブラジルの主要都市の一つ，サンパウロの一地区（サンベルナルド・ド・カンポという地区）における金属労組の委員長であった。

民政移管の時代に向かう軍政終盤の政治の展開を背景に，政府の物価上昇率操作に反発して，サンベルナルド・ド・カンポ金属労組が，賃金修正を求める労働運動を開始した。この運動は，1978年と1979年に大規模なストライキに発展し，数百万人の労働者が参加した。そうした展開の過程で，金属労組委員長のルーラは，その指導者としての地位を確立していた［ファウスト 2008: 417-418］。国家から相対的に自立し，高い組織率と指導者が伝統的左翼である共産党（旧ソ連系のPCBならびに毛沢東派の共産党（Partido Comunista do Brasil, PC do B））の影響を受けていないことが，ルーラの主導する労働運動の特徴であった。

他方，労働者の代表を自認する既存の政党としては，ブラジル労働党（Partido Trabalhista Brasileiro, PTB）という，ヴァルガスの影響を受け，1945年から

存在している政党も存在する。だが，ルーラのPTは，この系譜には属さない。労働者重視の面で過去との継続性を観察できるが，PTは新しいブラジル政治の姿を示している。つまり，ブラジルの伝統的なエリートの系譜からは外れた政治家ルーラの主導による下からの労働運動組織に支えられた政党である。

　ブラジルの労働運動では，軍政期から，いくつかの連合組織が結成されてきた。1981年8月，第1回全国労働者会議（Conferência Nacional das Classes Trabalhadoras）が開催され，軍政に抵抗する労働運動や民衆運動の多様な代表者が集って以降のことである。PT寄りの中央統一労働組合（Central Unica dos Trabalhadores, CUT）が1983年に，サンパウロ金属労組や2つの共産党（PCB, PC do B）が主導権を握る労働総同盟（Confederação Geral dos Trabalhadores, CGT）が1986年にそれぞれ結成され，2つの労働組合のナショナルセンターとして勢力を競った。その後，1991年にサンパウロ金属労組出身者を会長に「労働組合の力」（Força Sindical, FS），2007年にCGTからブラジル一般労働組合（União Geral dos Trabalhadores, UGT）が結成される。そうした労働組合連合の中では，PT系のCUTが最も活発な運動を展開してきている。

II　ネオリベラリズムの浸透
── 民政移管からコロルまで

　1985年，21年間続いた軍政が終わり，ブラジルにおいても民主主義の時代が幕を開けた。同年1月15日，国会議員全員と州議会代表からなる代議員投票により，つまり間接選挙方式の大統領選挙が実施されたのである[2]。1985年の選挙では，軍政期与党のPDSが支持するサンパウロ州出身のパウロ・マルーフ候補を破り，PMDBなど野党各党と与党の一部の支持を得た，ミナスジェライス州出身のタンクレード・ネーヴェス候補が当選した。しかし，ネーヴェスは就任直前に急逝し，北東部マラニョン州出身のジェゼ・サルネイ副大統領が大統領に昇格した。

　軍政期には官製与党のPDSの党首であったサルネイが，1985年の大統領選

---

[2]　1985年の選挙に向けて，1983年にPTが大統領直接選挙を最優先課題に掲げて運動し，1984年1月，サンパウロでPMDBなどと大規模な集会を成功させたことは，特筆すべき出来事であった［Fausto 2000: 500-512］。

表4-1　大統領選挙

政党	1989 第一次投票		決選投票		1994		1998		第一次投票	
	得票数	得票率	得票数	得票率	得票数	得票率	得票数	得票率	得票数	得票率
国家再建党（PRN）	20,607,936	30.5	35,085,457	53.0	387,611	0.6				
労働者党（PT）	11,619,816	17.2	31,070,734	47.0	17,112,255	27.0	21,470,333	31.7	39,454,692	
民主労働党（PDT）	11,166,016	16.5			2,015,284	3.2				
ブラジル社会民主党（PSDB）	7,786,939	11.5			34,350,217	54.3	35,936,540	53.1	19,705,061	
ブラジル社会主義党（PSB）									15,179,879	
労働人民党（PPS）							7,424,783	11.0	10,170,666	
キリスト教民主党・改革進歩党（PDC-PPR）	5,986,012	8.9			1,739,458	2.8				
自由社会主義党（PSOL）										
自由党（PL）	3,271,986	4.8								
ブラジル民主運動党（PMDB）	3,204,853	4.7			2,771,788	4.4				
緑の党（PV）	125,785	0.2					212,866	0.3		
その他	3,848,357	5.7			4,909,020	7.8	2,883,751	4.3	440,851	
有効票	67,617,700	100	66,156,191	100	63,285,633	100	67,715,407	100	84,951,149	
有権者数	82,056,226		82,056,226		94,743,043		106,101,067		115,254,113	
白票・無効票	4,659,708		4,094,003		14,635,000		15,575,298		9,852,977	
総投票数	72,277,408	88.1	70,250,194	78.6	77,920,633	82.2	83,290,705	78.5	94,804,126	
棄権	9,778,818	11.9	11,806,032	14.4	16,822,410	17.8	22,810,362	21.499	20,449,987	

出典：Nohen［2005］とブラジルの選挙管理機関（Tribunal Superior Eleitoral）のウェブページ（http://www.tse. br）に基づき筆者作成。

注：得票率（％）は，各党の得た票が有効票に占める割合を示す。総投票数と棄権の欄の割合は，有権者数に占める割合である。割合の値については，四捨五入の関係で，総計が100にならない場合がある。また，選挙管理機関が公開した数字をそのまま記載しているため，個々の数字の合計と全体数字が一致しない場合がある。2014年の結果は，2014年12月の時点で確認できたデータのみを掲載している。

挙の時は軍政期の官製野党の流れをくむPMDBに合流した。こうして，軍政期の与党と野党は一つの勢力となった。他方，3年後の1988年には，PMDBの左派が離党し，PSDB（ブラジル社会民主党）を創設した。同党は，1990年代に誕生するカルドーゾ政権の母体となる。

　サルネイは，市民権を尊重し，就任の1985年5月には大統領直接選挙を復活させる法律を可決させ，同時に，それまで政治に参加する権利を与えられて

3）　1988年憲法は，行政権に対する立法府の統制権限を強めたほか，元来，地方の政治勢力が強い伝統の中で，地方分権化なども規定したため，大統領は，議会や地方勢力などとの交渉，調整の政治交渉をすることを余儀なくしていると指摘される［近田 2007: 209-212; 矢谷 1991: 14-27］。ただ，実際の政治においては，小党分裂の傾向が著しかった1990年代はじめまでは，支持基盤の限られた大統領がさまざまな個別利害に振り回され，結局は，超高率インフレを克服できないなどの惨憺たる結果であった。こうした状況に変化が生じるのは，後述の，ネオリベラリズムをめぐる争点政治の展開を契機にしてである。この間，行政府と立法府の関係や地方分権化に関する憲法の条項は，修正されていない。つまり，憲法規定が肯定的な結果を生む好循環を作り出すというよりも，好循環を作り出すよう，政治のダイナミズムが変化すること，そして，そのために政治の主要なアクターが行動することが必要であったのである。

結果

	決選投票	第一次投票		決選投票		第一次投票		決選投票		第一次投票		決選投票	
		2006				2010				2014			
票数	得票率	得票数	得票率	得票数	得票率	得票数	得票率	得票数	得票率	得票数	得票率	得票数	得票率
93,364	61.3	46,662,365	48.6	58,295,042	67.7	47,651,434	46.9	55,752,529	56.1	43,267,668	41.6	54501118	51.6
		2,538,844	2.6										
70,739	38.7	39,968,369	41.6	37,543,178	43.6	33,132,283	32.6	43,711,388	44.0	34,897,211	33.6	51041155	48.4
										22,176,619	21.3		
		6,575,393	6.9										
						19,636,359	19.3						
						1,170,077	1.2			3,682,304	3.6		
64,103	100	251,762	0.3	95,838,220	111.2	101,590,153	100	99,463,917		104,023,802		105,542,273	
		95,996,733	100										
254,113		125,913,479		125,913,479		135,804,443		135,804,443		142,822,046		142,822,046	
500,156		8,823,726		6,160,001		9,603,594		7,142,025					
564,259	79.5	104,820,459	83.2	101,998,221	81.0	111,193,747	81.9	106,606,214		78.5			
589,854	20.5	21,093,020	16.8	23,915,258	19.0	24,610,696	18.1	29,198,229	21.5				

いなかった非識字者の選挙権をはじめて認めた。労働者にとって画期的なことは，その権利を拡充する内容を持つ新憲法が，サルネイ政権の下，1988年10月5日に公布されたことである。新憲法は，過去の軍事政権の権威主義的統治を支えた1967憲法ならびにそれを改正して成立した1969年憲法に替わる新しい憲法として誕生した。1988年憲法は軍事政権下の政治的保守勢力の影響を残したが，労働者階層の保護や民族資本への優遇処置がなされ，従来の「大統領令」も禁止され，大統領の権限も縮小し，逆に国会の権限が強化された。特に，貧困者や先住民，植民地時代の逃亡奴隷村キロンボの住民を含む少数集団の社会的・文化的権利が前進を見せている［矢谷1991］[3]。

　1988年憲法の下で直接選挙により選ばれた最初の大統領が，フェルナンド・コロル・デ・メーロであった（表4-1）。コロルはサルネイ同様，軍政期はARENAとPDS，民政移管後はPMDBに所属していた。そして，1989年の大統領選挙に立候補する時は独自の政党，国家再建党（Partido da Reconstrução Nacional, PRN）を創設し，PT党首のルーラ候補を破って当選した。就任時（1990年3月）の年齢は40歳で，歴代のブラジル大統領の中で最年少であった。ただし，歴史的な小党分裂傾向からは逸脱せず，与党は議会で少数派であった（表4-2）。

　選挙戦におけるコロルの主張で，多くの有権者の関心を引いたのは，高給取

表 4-2 下院選挙の議席配分

	1990	1994	1998	2002	2006	2010	2014
ブラジル民主運動党 (PMDB)	108	107	83	74	89	79	66
自由戦線党 (PFL) ／民主党 (DEM)	87	89	105	84	65	43	22
民主労働党 (PDT)	47	34	25	21	24	28	19
社会民主党 (PDS) ／改革進歩党 (PPR)	43	51					
国家再建党 (PRN) ／キリスト教労働党 (PTC)	40	1				1	2
ブラジル社会民主党 (PSDB)	37	63	99	71	65	53	54
ブラジル労働党 (PTB)	35	31	31	26	22	21	25
労働者党 (PT)	35	49	58	91	83	88	70
キリスト教民主党 (PDC)	22						
自由党 (PL) ／共和党 (PR)	14	13	12	26	23	41	34
ブラジル社会党 (PSB)	11	16	19	22	27	34	34
キリスト教社会党 (PSC)	6	3	2	1	9	17	12
ブラジル共産党 (PCdoB)	5	10	7	12	13	15	10
ブラジル共産党 (PCB) ／社会主義人民党 (PPS)	3	2	3	15	21	12	10
ブラジル進歩党 (PPB) ／進歩党 (PP)		35	60	49	42	41	36
緑の党 (PV)		1	1	5	13	15	8
ブラジル共和党 (PRB)						8	21
連帯 (Solidariedade)							15
民主社会党 (PSD)							37
社会秩序共和党 (PROS)							11
その他	10	8	8	16	13	17	27
計	503	513	513	513	513	513	513

出典：Nohen [2005] とブラジルの選挙管理機関 (Tribunal Superior Eleitoral) のウェブページ (http://www.tse.jus.br) に基づき筆者作成。

注：灰色は与党。本文中に出ていない政党の名称は次の通り。DEM: Democratas, PDS: Partido Democrático Social, PPR: Partido Progressista Reformista, PTC: Partido Trabalhista Cristão, PDC: Partido Democrata Cristiano, PL: Partido Liberal, PR: Partido da República, PSB: Partido Socialista Brasileiro, PSC: Partido Social Cristão, PPS: Partido Popular Socialista, PPB: Partido Progressista Brasileiro, PP: Partido Progressista, PV: Partido Verde, PRB: Partido Republicano Brasileiro, PSD: Partido Social Democrático, PROS: Partido Republicano da Ordem Social

りの公務員に対する痛烈な批判であった。巨額の公的債務の返済や肥大化した公共部門の負担から昂進したインフレに悩まされていた国民は，公共部門の縮小を訴えたコロルを支持した［浜口 2013: 312］。

　決選投票でコロルに敗れたルーラは，後にカルドーゾの後継者と目されながら 2001 年に病没したサンパウロ州知事のマリオ・コーヴァスやリオ州知事を 2 期務めた民主労働党（Partido Democrático Trabalhista, PDT）所属のレオネル・デ・モウラ・ブリゾラらの支持を得た。だが，ブラジル最大のシェアを持つ巨大メディアのグローボ TV などの反ルーラ攻勢を受け，コロルに破れた[4]。テレビによる運動が選挙結果に大きな影響を与えたと見なされたことから，コロルはテレビ時代の大統領選挙と評された。国民による大統領直接選挙は，1960 年の大統領選挙以来 29 年ぶりである。

　政権に就いたコロルは，サルネイ前政権の穏健的改革を残しながらも，ネオリベラリズム路線に基づいた経済改革路線を打ち出した。具体的には，通貨流通量の縮小と変動相場制の導入，物価スライド制の廃止，国営企業の民営化やそれへの補助金の廃止，投資と貿易の自由化，行政改革などであった。インフレ対策に関しては，コロル政権は，通貨供給管理によって超高率インフレを抑え込もうとした。その対策は，複雑なインフレ発生のメカニズムを熟知して発動されたものではなく，国際金融機関が示した基本方針を詳細な手順を考えず杓子定規に適用しただけで，結局は，経済の安定化に失敗する。他方，コロル政権が先鞭をつけた貿易の自由化と国営企業の民営化は，その後の経済的飛躍の礎を形成した［浜口 2013: 313-217］。

　コロルは，前述の経済政策を実施するに当たり，諸勢力との調整や連携などは行わず，大統領の権限に基づいて一方的に推し進めた［Weyland 2005: 118］。それが，企業家を含む各方面での対立と大統領の孤立化を招き，最終的には，自身や側近による汚職が明らかとなる中，コロルは，1992 年 12 月，在任 2 年足らずで大統領職を辞した。

　コロルの辞任により，伝統的に中央政界に強い影響力を与えるミナスジェライス州出身で，PMDB に所属するイタマル・フランコ副大統領が大統領に昇

4）　反ルーラ票を誘導するテレビ討論，ニュース番組の内容は，記録映画として告発されている。DVD: *Muito além do cidadão Kane: um documentário sobre a formação do império televisivo de Roberto Marinho*.（1993 年英国のテレビ Channel Four で放送されたが，当時ブラジルでは同記録映画は放送禁止となっていた。）

格した。任期は，コロルの残りの任期，1994年12月までであった。イタマル政権の喫緊の課題は，コロルが抑え込みに失敗した超高率インフレへの対処であった。イタマルは，それまで外務大臣を務めていた社会学者のフェルナンド・エンリケ・カルドーゾを財務大臣に据え，同大臣を中心にインフレ対策を立案，推進させた。

　カルドーゾのチームが作成した対策は，1993年末に「レアル計画」として打ち出された。同計画の中心は，流通する貨幣単位とは別に，疑似貨幣単位を設定し，両者の間には為替レートに当たる交換比率が設定され，取引自体は流通貨幣単位に換算して行うことであった。ある経済専門家の巧みな比喩によれば，それは，超高率インフレという暴走車を止めるため，疑似通貨単位という並走車を走らせ，「暴走車に乗り移り，ブレーキを修復して，暴走車を安全に停止させる」ことを狙っていた［浜口 2013: 318-319］。「レアル計画」は効果を発揮し，超高率インフレは徐々に収まっていく。

Ⅲ　カルドーゾ政権から労働党政権へ

　超高率インフレが収束に向かっている中で，1994年選挙が実施された。争点となったのは，インフレを終息させつつあったネオリベラリズムに基づく経済路線を継続するのか，それとも，同路線に批判的で，貧困対策や社会政策の拡充を優先する方針を基軸に据えるのか，という選択であった。前者を代表したのが，インフレ収束に功績のあったカルドーゾで，PSDB の大統領候補として選挙戦に臨み，中道や右派の支持を受けた。後者は，PT のルーラが主張し，左派系の諸政党の支持を得ていた。結果は，カルドーゾが過半数以上の支持を得て当選した（表4-1）。

　カルドーゾは，ブラジルの中心的都市の一つで経済が発展している南東部のリオデジャネイロ州の出身で，「低開発の発展」，つまり発展途上地域はその低開発の状態から抜け出すことは困難であると主張する「従属学派」の最も重要な理論家の1人として日本でもよく知られた社会学者である[5]。ブラジル国内における地域的社会的格差を批判していたが，選挙戦の時から，自由競争を重

---

[5]　ただし，カルドーゾは，発展途上国にも発展への余地が残されており，一定の条件の下では発展が可能であると主張する。その点では，徹頭徹尾，構造主義的な主張をする「従属学派」とは一線を画していた［カルドーゾ 2013］。

視し経済を開放するネオリベラリズム路線を掲げ，外国資本を積極的に誘致し，国際競争時代に乗り遅れないブラジルを提案した。そして，政権に就くと，同路線を積極的に推進した。カルドーゾ政権において，民政移管後のブラジル政治の展開は，「混乱」の移行期を終え「安定」の段階に入った［堀坂 2011b: 92-106］のである。

カルドーゾの与党 PSDM は議会では少数であった（表 4-1）が，社会政策を前面に打ち出して下層の人々などの支持を集めた PT に不安を抱いた中道の PMDB ならびに右派の自由前衛党（Partido da Frente Liberal, PFL）と連立を組み，カルドーゾ政権の推進するネオリベラリズム路線を支えた。

ブラジル経済が回復基調に入る中，高い支持率を背景に，カルドーゾ政権は憲法改正に打って出て，1997 年 6 月に，大統領の任期を 5 年から 4 年に短縮し，大統領と地方公共団体の首長の再選を認めさせた。翌年の 1998 年に実施された大統領選挙で，改めてルーラを抑えて過半数の支持を得たカルドーゾが再選を果たした（表 4-1）。

しかしながら，カルドーゾによる経済自由化路線は，国際金融情勢の動向に影響を受けやすい，特に外資の大量流出に対して脆弱であったという弱点を抱えていた。インフレ抑制のため，カルドーゾはドルに対する為替レートを固定する政策をとった。これは，インフレ抑制には効果があったものの，ブラジル通貨レアルの過大評価を招いた。インフレ抑制のため高金利政策をとっていたことと相まって，海外から大量の金融投資資金を引き寄せた。ただ，その大部分は投機的な性格が強く，国際金融の動向により，大量の資金が流出する事態がしばしば起きた。そうした事態に対し，ブラジルはさらなる利上げで立ち向かうしかなかった。度重なる利上げは経済成長の鈍化を帰結し，雇用は拡大しなかった［浜口 2013: 319-322］。

1997 年のアジア危機，1998 年のロシア危機と国際的な金融危機が続き，1999 年にはブラジルに金融危機が飛び火する。大量の資金流出を前に，ブラジルは変動相場制へと移行し，ここに「レアル計画」は終わりを告げた。同時に，ブラジルは，インフレ目標と財政黒字目標を新たなマクロ経済政策として推進することを決定した。それらのマクロ経済政策の枠組は，経済安定化の柱として，カルドーゾ政権を継いだ PT 政権でも維持されることとなる［浜口 2013: 322-323］。

こうして，1999 年の金融危機を乗り切ったカルドーゾ政権であったが，前

述のように，経済はなかなか成長しない一方，雇用が増えないなど，多くの人々，特に，社会の大部分を占める貧しい階層の人々が生活の向上を実感できないでいた。そうした状況の中，2001年から翌年にかけて，ブラジルは未曾有の電力不足に見舞われ，国民に節電を強いるカルドーゾ政権への不満を募らせた［浜口 2013: 323-324］。ここに，国家の役割の縮小を貫くネオリベラリズムに批判的な勢力が支持を伸ばす余地が生じた。

2002年に実施された大統領選挙では，そうしたネオリベラリズムに批判的な風潮を受け，ルーラが決選投票を経て念願の当選を果たし，労働党政権が誕生した（表4-1)[6]。ルーラは，2002年の選挙戦に向けて，超高率インフレの苦い経験から経済の安定を維持するためにマクロ経済政策の継続とともに，社会政策の拡充や所得分配の向上を提起した。ベネズエラのチャベス大統領が探究する，国家介入主義への回帰を柱とする急進左派とは一線を画した，穏健左派の立場である。ただ，選挙戦中は，前者のネオリベラル的なマクロ経済運営の継続よりも，後者の貧困対策を中心とする格差是正による社会正義の実現に重心を置いた訴えを行った[7]。

自由よりは平等を優先するとした訴えは，ブラジルを含め20世紀のラテンアメリカで見られたポピュリズムによるばらまきと同様の措置がとられるのではないかとの懸念を生み，当初，投資家の警戒心を呼び起こした。しかし，副大統領にPMDB所属の財界出身のジョゼ・アレンカールを据えていたほか，中央銀行総裁には，アメリカ合衆国のボストン銀行頭取の経験のあるエンリケ・メイレレスを任命し，インフレ抑制と通貨安定を維持する政策を継続した。

そうしたブラジルに訪れたのが，2004年からのコモディティ輸出ブームである。鉄鉱石，大豆，砂糖，コーヒーといったブラジルの代表的な輸出向け一

---

6) 2002年の大統領選挙は，ルーラにとって4回目の挑戦であった。労働者党は，その結成から徐々に穏健化した。その過程について，詳しくは，近田［2008］，鈴木［2004］などを参照。ルーラ登場までについては，堀坂［2004］も参照。

7) ルーラの勝因として，そのカリスマ性や庶民が親しみを感じやすい性格があったことも指摘せねばならない。その出自と関連し，ルーラの話し方は，庶民に理解してもらえるポルトガル語であり，庶民の話法と語法が，特に出身の北東部や，そこからの移民が多い，ブラジルの中心的地区である南東部の貧困層地区などの住民には親しみを感じさせる。この親しみが，一般の人々のルーラに対する一体感を醸成し，カリスマ性が増すことに寄与した。さらに，マルチメディア時代の選挙において，ルーラのイメージ戦略をデザインした選挙参謀ドゥダ・メンドンサの存在も重要であった。メンドンサは，アメリカ合衆国で選挙のメディア戦略を学んでいる。

次産品の価格が，世界的な資本主義経済の拡大とともに上昇した。ブラジルの年間外貨純流入額は，2003年の7.2億ドルから翌年の2004年には63.6億ドルへと拡大し，2007年には874.5億ドルを記録した。外貨準備は2002年末の時点で378億ドルだったが，2008年9月には7倍近くの2,065億ドルとなった。コモディティ輸出ブームは外貨制約を大幅に改善して金利引き下げの効果を帰結し，内需主導の経済成長へとつながっていく。ただし，大量の資金流入は通貨レアル高をも招き，それにより，国内の製造業が衰退し，生産性の低いサービス業での雇用が拡大する「オランダ病」の症状が進行している［浜口 2013: 327-331］。

他方，コモディティ輸出ブームの追い風を受けつつ，選挙公約である社会政策の拡充にも着手した。ルーラ政権は，最低賃金の引き上げ幅を拡大したほか，貧困対策として「ボルサ・ファミリア」と呼ばれる，条件付き現金給付政策を実施した。これは，子供の通学や健康診断などの教育・健康において家庭が義務を履行することを条件に一定の現金を支給するものである。ただし，条件付き現金給付策は，カルドーゾ政権でもいくつか実施されていた。ルーラ政権は，それらカルドーゾ政権下で行われていた条件付き現金給付策をまとめた上で，給付金の規模と対象を拡大したのであった。給付対象は，2006年に1,097万世帯を記録し，世界最大規模となった［近田 2008: 218-221; 浜口 2013: 326］。

ルーラの与党PTも議会では少数派であった（表4-2）が，小さな左派の諸政党に加え，副大統領の所属政党である中道のPMDBとも連合し，安定した政権基盤を確保することに成功した。ルーラを継いだ同じPTのジルマ・ルセフ政権でも同様の状態が続いており，議会を舞台に，ネオリベラリズムか，反ネオリベラリズムかをめぐり，連合による争点政治が展開したことの現れである。興味深いのは，中道のPMDBで，PTと連合する前は，カルドーゾの与党PSDBと連合を組んでいた勢力である点である。中道勢力が，政策路線の必要性に応じて，是是非非で臨んでいることが，ブラジルの争点政治化を支えていることがわかる［堀坂 2012: 51-53］。

ただ，PT政権の歩みが順風満帆であったわけではなかった。第一次ルーラ政権（2003～2006年）では，コモディティ輸出ブームが本格化する助走の段階で，インフレ抑制のマクロ経済政策をとっていたこともあり，経済成長はプラスだったものの，5％以下と目覚ましいものではなかった。「ボルサ・ファ

表4-3 地域別の得票率（%）

	2002		2006		2010	
	PT	PSDB	PT	PSDB	PT	PSDB
北部	44.4	22.4	56.1	36.4	50.1	32.5
北東部	45.9	19.8	64.5	20.6	61.6	21.5
南東部	46.5	22.7	43.3	45.2	40.9	34.6
南部	49.4	28.5	34.9	54.9	42.1	43.0
中西部	43.1	26.2	38.5	51.6	22.2	38.0

出典：ブラジルの選挙管理機関（Tribunal Superior Eleitoral）のウェブページ（http://www.tse.jus.br）に基づき筆者作成。

注：灰色はPTの支持がPSDBの支持を上回ったことを示す。いずれも，大統領選挙の第一次投票結果で，有効投票に占める割合。各地域に含まれる州は，以下の通り。北部：アクレ，アマゾナス，アパマ，パラ，ロンドニア，ロライマ，トカンチス。北東部：アラゴアス，バイア，セアラ，マラニョン，ペルナンブコ，ピアウイ，パライバ，リオグランデドノルテ，セルジペ。南東部：エスピリトサント，ミナスジェライス，リオデジャネイロ，サンパウロ。南部：パラナ，リオグランデドスル，サンタカタリナ。中西部：連邦区，ゴイアス，マトグロソ，マトグロソドスル。

ミリア」を主軸とする社会政策も，下層の人々には歓迎されたが，中間層以上からは人気取りにすぎないとの批判を受けた。2005年には与党議員の汚職事件が暴露され，政権のイメージにマイナスとなった。

そうした中で行われた2006年の選挙では，所得水準の高い南部，中西部，南東部で，野党PSDBの候補に多くの得票を許した。ただ，貧困層の多い北東部と北部，ならびに南東部の貧困地域でPTが得票を重ね，決選投票を経てルーラが再選される結果となった[8]。これは，2002年の選挙で，ルーラが全国的に高い得票を収めた状況とは対照的である（表4-1，4-3）。

第二次ルーラ政権（2007～2010年）は，コモディティ輸出ブームが本格化し，内需主導の経済拡大も起こり，ブラジルの国際的な地位も高まった。しかし，与党や政府関係者の新たな汚職問題が発覚したこともあり，ルーラの後継者，ジルマは，PTの支持基盤である南東部などの貧困地区と北東部，北部での得票でPT政権を維持した。この時も決選投票であった（表4-1）。ただ，労働者党への支持自体は，選挙を経るに従って，低下していることは否めない。これは，圧倒的ともいえる支持を獲得した北部と北東部でもいえることである

---

[8] 南東部には，大都市リオデジャネイロが存在している。そこの貧困層の人々は，貧しい地区の北東部から移住してきた人々やその子孫で，ルーラを「同じ地域の出身」と認識する傾向が強い。南東部の州ごとの得票では，2002年の選挙では，PTが全州でPSDBを上回っていたが，2006年と2010年の選挙では，サンパウロ州で，PSDBへの支持がPTへの支持を上回った。

（表4-3）。最近行われた2014年の選挙でも，2010年と同じく決選投票を経て，ジルマがようやく再選を手にした（表4-1）[9]。

いずれにせよ，カルドーゾからルーラ，ジルマへと，ネオリベラリズムをめぐり小党分裂の状態にあった政党政治が二極に集約される過程が展開する中で，1988年憲法に謳われた社会正義が，政治によって本格的に追求されるようになってきている。それは，ブラジルの政党政治が安定化してきていることと並んで，注目すべき傾向である。

おわりに

これまで分析してきたように，民政移管後にはじめて直接選挙で選ばれたコロル政権までは，ブラジル政治はそれまでの伝統的な特徴を色濃く残した状態であった。政治的有力者を中心とした個人主義的な政党による小党分裂の傾向が続き，政党政治が不安定であった。自らの独善的な姿勢が招いた帰結とはいえ，コロル大統領は，任期半ばにして，汚職によって辞任した。超高率インフレが猛威を振るっていた頃でもあり，当時，ブラジルが政治的に不安定化するのではないかとの懸念が広まった。

しかし，その後の展開は，そうした予測を裏切るものであった。インフレ収束と経済自由化を推進するため，カルドーゾを旗振り役として中道から右派勢力が連合する一方，ルーラを主軸にそうしたネオリベラリズム路線に批判的な軸が形成された。ネオリベラリズムを対立軸として，政党政治が展開したのであった。少数諸政党に分かれていた状態から，カルドーゾとルーラが中心となる二極に収斂する，という政治的ダイナミズムが現れ，ブラジル政治の不安定性は大きく軽減した。

また，ルーラ政権の登場は，それまでのブラジル政治を握ってきた，裕福なブラジル南東部を中心とする南側の地域出身の，いわばエリート層とは関係のない，貧しい出自の政治リーダーが貧困層を中心に支持を集め，中央政界に乗り込んだことを意味した。ブラジルは，1988年憲法でようやく非識字者に対する参政権を認めた国である。ラテンアメリカでは最も遅く，非識字者に対する参政権の制限を撤廃した国である（2番目に遅かったのは，1980年のペルー）。

---

9) PT政権について詳しくは，近田［2013］，堀坂［2012］などを参照。

そうした点からしても，ルーラ現象は，ブラジル政治の地殻変動が徐々にではあるが進んできていることを示している。

こうして，過去二十数年にわたる間に，ブラジル政治はそれ以前と比べると大きく前進したことは疑うべくもない事実である。ただ，それは，ブラジル政治が課題を抱えてこなかったことを意味するわけではない。すでに分析したように，「オランダ病」などブラジル経済の今後の舵取りの課題のほか，「ボルサ・ファミリア」などの社会政策によって貧困状況に改善が見られるとはいえ，それがなくなったわけではない。また，経済成長の下で拡大した中間層からの社会サービスの質の向上への要求にも応えていかなければならない。

そうした社会経済的な課題のほか，政治面での課題もある。PT政権下で発生している汚職の克服といった問題に加え，本章で分析した政党政治との関連では，前述したような山積する課題に応えられる政策を立案できるのか，さらには，そうした今後の挑戦を支える新たな政治リーダーが出てくるのか，という問題がある。カルドーゾ，ルーラに匹敵するところまでは要求しないものの，彼らの持つリーダーシップに近い指導力を発揮できる後継リーダーは出てくるであろうか。少なくとも，ジルマはルーラなしには考えられない状態である［Singer 2012: 169-175］。これは，安定化の道を歩んできたブラジル政治の動向とも密接に関連している課題である。

第5章

ネオリベラリズムと周辺国型社民主義
―― ウルグアイのケース

内田みどり

扉写真：2014年選挙における拡大戦線の巨大な選挙ポスター。

　ウルグアイでは，軍政期から始まったネオリベラリズム政策を引き継いだ二大政党の一つが凋落し，社会的格差の問題に正面から取り組む姿勢を示した拡大戦線が代わりに躍進した。

はじめに

　ウルグアイでは何事もゆっくりと，穏やかに進行する。ラプラタ川の対岸にあるアルゼンチンで大統領が行政令を連発して民営化を進めていた時，ウルグアイ人は民営化に反対する国民投票を実現させるための署名を集めていた。アルゼンチンのように街頭行動でピケを張るのではなく，憲法で保障された直接民主主義の仕組み，国民投票を利用することで，ウルグアイ国民の多数派は主な公営企業の民営化を阻止した。1980年代から世界を席巻したネオリベラリズム政策の嵐にもまれつつも，ウルグアイでは依然として国内最大の企業は公営企業の ANCAP（Administración Nacional de Combustibles, Alcoholes y Portland，国営燃料・アルコール・セメント公社）であり，国民は民間の携帯電話会社よりも電電公社 ANTEL を好む。

　ウルグアイでは1973年からの軍政期にネオリベラリズム改革が始まった。その結果，政治的・経済的理由で国民の約1割が海外に脱出するほどの打撃を受け，対外債務を抱え込むことになった。1985年の民政移管後も対外債務問題によって開放経済・自由化政策の継続を余儀なくされたが，1990年代から2000年代に民営化をめぐって，二大伝統政党であるコロラド党も国民党も党内で意見が分かれ，一方，新興の左派諸党連合である拡大戦線（1971年選挙から登場）は労組や社会運動と協力しながら民営化阻止に動き，着実に勢力を拡大していった。そしてネオリベラリズム政策がもたらした社会的格差の問題に正面から取り組む姿勢を示し，拡大戦線は2004年選挙ではじめて大統領選挙に勝利し，ネオリベラリズム改革を推進したことから凋落したコロラド党に代わって二大政党の一翼を担うこととなった。ウルグアイでは政党は政治の中心であり続けている。しかし，政党間の関係は変化した。本論では民営化問題に焦点を当て，ウルグアイではなぜネオリベラリズムが受容されなかったのかを，20世紀はじめにこの国の基礎を作ったバッジェ・イ・オルドーニェス大統領の政策・思想「バジスモ」（Batllismo）にさかのぼることで明らかにしたい。

I ウルグアイとネオリベラリズム

1 国家中心モデルとその行き詰まり
── ネオリベラリズム導入前史

20世紀前半のウルグアイは，国家が主導する輸入代替化モデルで南米の中では比較的平等な社会を実現した。20世紀はじめ，コロラド党のバッジェ・イ・オルドーニェス大統領は，野党も意思決定にある程度参加できる行政委員会（コレヒアード[1]）制度を導入し，政治的安定を達成した。独立期にルーツをもつコロラド党とブランコ党（後に国民党と改称）は，それぞれの党の派閥が選挙競争の基本単位として制度化されたこともあり，「政党間より政党内部の政策距離が大きい」と評される[2]。

第二次世界大戦後のウルグアイは，バッジェ・イ・オルドーニェスの甥ルイス・バッジェ大統領（在任1947～1951年）のもとで，一次産品ブームを追い風とした第二の黄金時代を謳歌した。ルイス・バッジェは国有化政策と年金制度の拡大など「大きな政府」政策を進め，彼のもとで賃金も大幅に上昇した[3]。だが一次産品ブームが去った1950年代の後半から，ウルグアイは農牧業輸出の低迷と輸入代替工業化の行き詰まりによって経済停滞に陥った［CINVE 2007: 29］。1958年には国民党が93年ぶりに第一党となり，保護主義を改め国家介入を減らして補助金削減や貿易自由化に舵を切るとともに，通貨ペソを切り下げた［Reyes y Melogno 2001: 268-269］。1960年にははじめてIMFと同意書をかわし，農業立て直しのために3億ペソを借り入れた。国民党は1962年の選挙でも辛勝するが，実質賃金の低下と物価上昇を止めることはできなかっ

---

[1] スイスに倣ったユニークな行政制度で，二大政党から選出された9人の行政委員が大統領とともに行政を担当する制度。1933年のクーデターでコレヒアードは廃止されたが，1952年の改憲で大統領制が廃止され，1955年からコレヒアードに一本化。のち1966年の改憲でコレヒアード廃止，大統領制が復活している。

[2] 1997年発効の憲法改正まで，ウルグアイでは国政選挙・地方選挙を同時に行うとともに，各政党から派閥ごとに複数の大統領候補が立ち，最も得票した政党の最大得票者を大統領に選んでいた。これを二重同時投票（doble vote simultáneo）と呼ぶ。

[3] 大統領選挙での勝利は望み薄とさとった国民党の領袖ルイス・アルベルト・デ・エレーラは，ルイス・バッジェの推す「大統領制廃止・9人制のコレヒアード」案を，少数派も政策決定に参加できると考えて支持した。こうして1952年に憲法が改正され，ウルグアイは1955年より合議制の行政委員会制度に一本化した。

た［Reyes y Melogno 2001: 278-280］。1966年の選挙ではコロラド党が勝利したが，オスカル・ヘスティード大統領が1967年末に死亡し，副大統領から昇格したホルヘ・パチェコの賃金・物価凍結政策はうまくいかず，対外不均衡と短期債務が国家財政を圧迫した［Aguilar 1993: 39-40］。賃金が目減りしていく中で労働争議も頻発する。また，内陸部では伝統政党の地方ボスが選挙を牛耳っていたため，農村の貧しい人々は労働法や社会保障の埒外に置かれ，その声は議会に届かなかった。伝統政党はパトロネージを使って支持をつなぎとめようとした。

伝統政党が経済停滞と政治的閉塞を打破できずにいる中で，体制内外で新たな反対派が台頭した。体制外の反対派はMLN（民族解放運動），通称ツパマロス（Tupamaros）である。内陸のサトウキビ労働者の組合作りに取り組んでいた社会党員のラウル・センディックは非合法武力闘争に転じ，1963年のスイス射撃クラブ襲撃以後，資金稼ぎのための銀行強盗や軍の武器庫襲撃，産業界要人やブラジル・英国の外交官誘拐などで世を震撼させた[4]［Zubillaga y Pérez 1996: 12-15; Labrousse 2009: 15-16］。政府はたびたび緊急措置令（Medidas Prontas de Seguridad）を出して人権を制限し，軍を投入して対抗した。軍・警察は，高校や大学に非合法極右組織を差し向けたり，取り調べに拷問を用いたりした。ツパマロスと軍の対決は1972年4月に内戦状態宣言をもたらし，ツパマロスの主だった幹部は逮捕された。

一方，体制内反対派として台頭したのが拡大戦線（Frente Amplio）である。拡大戦線はコロラド党から離脱したセルマル・ミケリニらが共産党・キリスト教民主党などと結成したもので，1971年の選挙でリーベル・セレグニを大統領候補に擁し，首都で約30％，全国でも約10％の票を得て，二大伝統政党支配の一角に食い込んだ。

1971年の選挙で最も得票したのは国民党のウイルソン・フェレイラだった。しかし，二重同時投票（注2参照）の規定により，最多得票政党の最多得票者であるファン・ボルダベリが大統領に選ばれた。ボルダベリは議会内で多数派を形成できず，軍部を頼るようになる。1973年6月のクーデターは，伝統政党の政治家たちが無能で腐敗していると見なした軍部とボルダベリの思惑が一致した結果であった[5]。

4）米国から派遣された警察顧問ダン・ミトリオーネが誘拐ののち殺害された事件は有名である。

2　ウルグアイとネオリベラリズムの出会い
―― 軍政期の経済政策

1973年のクーデター以後は経済の対外開放・自由化政策がとられた。その立役者は1974年に経済・財政大臣に就任したハーバード大学経済学博士のアレハンドロ・ベハ・ビジェーガス（在任1974年7月〜1976年8月）である。経済・財務大臣としての任期は短かったが，開放路線は彼の退任後も継続された。

軍政期の経済政策は(1)対外開放の開始（1973〜1974年），(2)対外不均衡との戦い（1974〜1975年），(3)国際金融市場モデルの強化と効率的な資本市場の創設を目指した段階（1976〜1978年），(4)インフレーションとの戦い（1978年10月〜1982年12月），(5)経済政策再定義の段階（1982〜1984年）の5段階に分けられるとされる。1974年には海外からの投資を自由化する法案が発効し，関税を徐々に引き下げ，それまでの輸入代替工業化路線から補助金をつけて輸出志向工業化への転換を図る政策がとられた。ブラジル・アルゼンチン・パラグアイ・ボリビア・チリなどと貿易協定が結ばれ，輸出奨励策で繊維・電子製品・金属製品・紙などの非伝統的製造業輸出が増えたものの，資本財輸入も増加し，実質賃金の低下とスタグフレーションに見舞われた。他方，ウルグアイ経済の根幹である農業は構造的に停滞したままだった。軍政下では政治的・経済的理由によって（人口約300万人の国から）25万〜30万人の国民が海外へ去ったといわれている。1976年の首都失業率13％という数字は，こうした人口の海外流出を踏まえた上で理解すべきである。インフレ対策はマネタリズムと為替管理（6ヶ月ごとにレートが告知される）に拠った。だが1978年には通貨供給管理を放棄し，金利を自由化した。金融自由化は民間銀行に短期・高利率の非居住者預金を増加させ，国内生産に占める金融活動の拡大と投機をもたらした一方，金融システムのドル化が進行した。借入コストが増大し，1982年には同国史上未曾有の対外債務を抱えることとなった。硬直的な軍事・治安向け支出が優位を占める一方で，経済の停滞により歳入が減って財政も赤字だった。手持ちのペソをドルに換える動きが加速し外貨準備が急速に失われ，1982

5）クーデターに至る経緯についてはDemasi y Rico et al.［2001］，軍政期の人権侵害についてはバスケス政権下の公式報告書であるInvestigación Histórica sobre Detenidos-Desaparecidos,を参照されたい。

年11月26日,ついに政府は為替管理を放棄して変動相場制へ移行せざるを得なくなった。資本逃避の増加でIMFとのスタンドバイ交渉も必須となった。同年12月までにペソは100％下落し,産業部門の失業率は1983年1月には15.3％[6],1983年3月の実質賃金は1968年を100とすると46％にまで落ち込み,ウルグアイは深刻な不況に陥った[Aguiar 1993: 40-45; Astori 1996: 120-138; Notaro 1984: 142-145]。

II 民政移管後のネオリベラリズム的政策

1 民営化をめぐる伝統政党VS労組＋拡大戦線の攻防

　経済的な成果が上がらなかったにもかかわらず,軍部は,軍部の政治関与を憲法に明記する改正を1980年に国民投票にかけた。だがこれは僅差で否決された。そのため,軍部と政党間の交渉によって[7]民政移管が図られ,1984年に大統領選挙を実施,コロラド党のフリオ・サンギネッティが1985年3月に大統領に就任した。

　軍政時代の経済的失敗のツケは重かった。1985年以前の4年間で国内総生産は17％縮小し,総資本形成は58％も減少した。1981〜1984年の資本逃避は18億2千万ドルに達し,民政移管時の実質賃金は1968年を100とすると50.3％,対外債務残高は5年間の輸出総額に相当する46億9百万ドル（うち31億9千8百万ドルが公的債務）,その元利支払いが年間輸出の49％に相当した[Aguiar 1993: 45]。サンギネッティは本来のスタンスは社会民主主義的なのだが,軍政時代の対外開放政策を踏襲し,輸出を増やして対外債務を削減しようとした。また,アメリカ→南米南部→EU→南米のその他の国・ソ連・中国・東欧と段階を追って世界市場と関係を緊密化しようとした[Arce 2007: 70-71]。

　1989年に久しぶりに選挙に勝利した国民党のルイス・ラカジェ（国民党の領袖ルイス・アルベルト・デ・エレーラの孫に当たる）大統領は,コロラド党と協

---

6) 軍政期にウルグアイの人口の1割以上が海外に逃れたとされていることを考えると,実質的な失業率はもっと高いだろう。

7) 国民党のフェレイラが強硬姿勢を崩さなかったため,交渉の正統性を確保するために拡大戦線が交渉に参加し政治的アクターとして「認知」された。

力して議会内多数派を形成して拡大戦線に対抗し，メルコスール[8]加入や労働市場の規制緩和を推進した。彼の政策の中で特徴的なのが，政労使で作る「賃金協議会」(Consejos de Salarios, 1943年設置）から政府を離脱させた（1990年）ことである［Bachnan 2008: 80］。これによって，賃金水準の決定は企業の個別交渉に委ねられ，労働組合の組織率は低下した[9]。さらにラカジェは民営化を推進しようとした。1991年に議会の承認なく行政府が公営企業の権利を譲渡できるという法令16211号（公営企業法）を制定して，ANTELやPLUNA航空などの主だった公営企業の民営化や民間資本の参入を企画したのである［佐藤2005: 45; Waksman 1993: 18］。

　民営化には，拡大戦線と連携した労働組合が中心となって反対を繰り広げた。民営化に反対する際の強力な武器が「国民投票」だった。ウルグアイでは国民投票が憲法で制度化されており，しかも国民の側から比較的容易に国民投票を要求できる[10]。法令16211号に対しては，そのうち5つの条項[11]の廃止を求めて署名が集められて1992年12月に国民投票が行われ，民営化反対派が勝利した。PLUNA航空とガス会社の労組が主体となって，公営企業の民営化禁止と従業員の経営参加を憲法の条文に入れようとして国民投票を目指したが，これは必要署名数（10％）が集まらず実現しなかった。

　1995年からの第二次サンギネッティ政権（コロラド党），2000年からのホルヘ・バッジェ政権（コロラド党）の下でも，民営化をめぐる攻防は続いた。民営化阻止のための国民投票要求運動には，成功したものと，必要な署名数が集まらず国民投票に至らなかったものがある。1998年には電力公社UTEの労組とFUCVAM（Federaciòn de Cooperativas de Vivienda, 借家人組合）が中心となって，国の電力システムの枠組を規定した法令16832号の廃止を要求する国民投票を目指したが，有権者の25％という必要署名数が集まらず挫折した。急進

---

8) 南米南部共同市場の略称。アルゼンチン，ブラジル，パラグアイ，ウルグアイによって1995年1月に発足した共同市場で，域内関税撤廃と対外共通関税の実施を主体とする。
9) チャベスによれば，組合加入者は1987年の236,460人から2001人には122,057人に減少した［Chavez 2008: 115］。
10) 共和国憲法第79条は「税に関する法令を除いて，法令成立1年以内に有権者の25％の申し立てによって，レファレンダムを要求できる」としている。一方，憲法改正手続きについて定めた憲法第331条A項は「有権者の10％が署名する発議によって両院議長宛に提出された（改正の）素案は，直近の選挙の際に人民の意思決定（国民投票）に付さねばならない」としている。
11) 第1条，第2条，第3条，第10条，第32条の廃止を求めた（vecinet, http://www.chasque.net/vecinet/ref61213.htm, 2014年10月4日閲覧）。

派の労組[12]が目指した，投資促進法（法令16906号）の29条（労働者が雇用主に労働債権を請求できる期間を10年から2年に短縮した）を廃止する国民投票も実現に至らなかった（労組のナショナルセンターPIT-CNTは支持しなかった）。2001年の緊急法（法令17243号）13条（モンテビデオ港コンテナターミナルに民間企業の参入を認める）廃止を求める国民投票も有権者25％の署名が集まらず頓挫した。だが，ANCAPを民営化しようとした法令17448号の廃止を求める国民投票は有権者の25％の署名が集まったので2003年12月7日に実施され，廃止賛成が多数を占めたので同法案は廃止された［Valdmir 2006a: 109-114］。以上のような国民投票を求める動きは，反対派を強化しただけでなく，改革のアジェンダを狭めた，とパニッツァは指摘している［Panizza 2004］。

　国民は民営化についてどう考えていたのだろうか。1993年に世論調査会社CIFRA社が行った調査では，回答者の72％が混合経済もしくは公営企業を志向し，完全な私的所有に基づく経済運営を支持したのは21％にすぎなかった。世論調査会社FACTUMが2000年10月に発表した調査でも，公営企業は国家が所有し続けるべきだという意見が57～82％の間で推移していた［Panizza 2004: 11］。2001年のFACTUMの調査でも，71％が公共サービスは公的機関が行うべきだとし，民間企業の参入を支持するものは20％，民営化を支持しているのは4％にすぎない［佐藤 2005: 51］。一方，公営企業のサービスに対する満足度は2000年8～9月のFACTUM調査では75～85％と非常に高い［Panizza 2004: 11］。2011年6～7月の世論調査会社Equipos Moriによる調査でも，18歳以上の成人728人の回答者のうち，電電公社のANTELに81％，電力公社のUTEに76％，水道公社OSEに74％，国営燃料・アルコール・セメント公社のANCAPに69％の人が，「良い」ないし「とても良い」という評価を与えていた［*Busqueda* primero de septiembre de 2011］。

2　水道民営化反対運動

　ネオリベラリズムがウルグアイ社会にいかになじまないものであるかを象徴する事例が，水道民営化に反対し，「水へのアクセスは基本的人権」と憲法で

---

[12]　タクシー運転手の労組，電話交換手の労組（SUATT），印刷労働者の組合（SAG），動労大学の労組（AFUTU），ガラス製造労組，漁業労組（SUNTMA），保健組合（FUS），共和国大学労組（AFFUR）である［Valdmir 2006: 112］。

認めさせた国民投票要求運動であろう。ウルグアイにおける水道民営化の問題を研究したカルロス・サントスによれば，ウルグアイでは伝統的に上下水道は公的機関が供給してきた。1952 年には全国の上水道管理を統合し，内陸部に下水道を普及させるために国家公衆衛生事業（Obras Sanitarias del Estado, OSE）が設立されている。首都の下水道は県庁が供給してきた。ところがラカジェ政権下の 1992 年から民営化の動きが始まった。並行して分社化も進められた。ピリアポリスやプンタ・デル・エステといった海浜リゾート地があるマルドナド県がまずターゲットとなった。OSE は 1993 年にマルドナド川流域の上下水道をアグアス・デ・コスタ社に移譲し（2018 年までの契約），これによって約 3 千人が影響を受けた。さらに，投資自由化を促進する投資保護協定が結ばれ[13]，外資参入が容易になる。スエズ社のスペイン子会社アグアス・デ・バルセロナが 1997 年にアグアス・デ・コスタ社の株を 60 ％取得。2000 年にはスペインのアグアス・デ・ビルバオの子会社 URAGUA がアグアス・デ・コスタ社の契約地域以外のマルドナドで 30 年間の契約で上下水道事業を委譲されることとなった。これにより約 12 万人が影響を受けることになった［Santos 2006: 85-87］。従来，OSE は収益性の高い首都やマルドナド県での利益を小規模な居住地域や遠隔地でのサービスに充ててきたので，マルドナド県の水道民営化は全国に悪影響を及ぼす。にもかかわらず，アルゼンチンの 2001 年債務危機のあおりを受けた経済危機の只中の 2002 年，バッジェ政権は IMF に対し規制緩和と民営化の促進を約束した［Santos 2006: 87］。

　こうした水道民営化に対し，住民組織や水道会社の労組，エコロジスト団体などが立ち上がったのである。以下，サントスとイグレシアスの研究に基づいて運動の経緯を追う。まず，マルドナド県の水道が民営化された地域の住民が作った源泉促進連盟（Liga de Fomento de Manantiales, LFM）が中心となって，1993 年にアグアス・デ・コスタ社への事業委譲に反対する運動が起きた。次に水道会社の労組が立ち上がった。1998 年には OSE の労組である国営水道会社労働者連盟（Federación de Funcionarios de las Obras Sanitarias del Estado, FFOSE）が中心となって URAGUA への事業委譲に反対した。2000 年 10 月には，もっと広範な人々が立ち上がった。コスタ市で約 40 の団体と個人の参加者からな

---

13) サントスによれば，ウルグアイは 25 の投資保護協定を結んでいるが，その大半は 1992～2000 年の間に結ばれたものである。スエズ社があるフランスとは 1993 年に締結している［Santos 2004: 92］。

る la Comisión en Defensa del Agua y el Saneamiento de la Costa de Oro y Pando（黄金海岸とパンドの上下水道を守る委員会，CDASCOP）が結成されたのである。参加団体の性格は労組，環境保護，文化・教育協会，生活防衛，建築家協会，年金生活者団体，不動産税に関する住民委員会など多岐にわたる。2001 年には住民たちがしばしば国営水道会社前でデモをし，会社の労組は部分ストでデモへの支援を表した［Santos y Iglesias 2006: 122-125］。

　CDASCOP は 2001 年 10 月に「国の最大の資源である水」を守り，国営水道会社の民営化に反対する立場を示した。CDASCOP が「水へのアクセスを保障することは基本的人権」という問題提起をすれば，国営水道会社の労組は「すべての地表水と地下水は多国籍資本に譲渡しえない」として憲法を改正するための国民投票を行おうとし，さらに国民投票の結果改憲が行われれば，それは国民投票に先立って行われた交渉に遡及する，とした。一方，環境保護 NGO のネットワークである「エコロジー／地球の友社会ネットワーク」（la Red Ecología Social-Amigos de la Tierra, REDES-AT）や「持続可能なウルグアイ（Uruguay Sustinable）」も，「水資源は再生可能だが有限」という水資源の持続可能性の問題を提起した［Santos y Iglesias 2006: 125-130］。こうして，水資源に関して改憲を要求する国民投票への運動の道筋ができていった。

　FFOSE，CDASCOP，LFM はポルト・アレグレの世界社会フォーラムにも参加した。2002 年 8 月には FFOSE の総会に CDASCOP のメンバーが招かれ，この総会で，水資源が領土の公共財であること，水文サイクルのすべての段階において譲渡できないものであること，資源の持続可能な管理，市民社会の直接参加，上下水道へのアクセスは基本的人権であるなど，改憲の基本的コンセプトが示された。LFM も同月に上下水管理に関するフォーラムを開催し，独立記念日の 8 月 25 日には上記 3 グループと REDS-AT が「水資源を守る全国会議（Mesa Nacional del Recurso Agua y Saneamiento）」の結成を宣言した。彼らはその宣言の中で，資源管理は情報の透明性や消費者の参加，サービスの質に基づいて行われるべきであるとし，国は消費者の経済能力に関わりなくサービスへアクセスできる権利を保障すべきだとの考えから上下水道の民営化に反対であるとした。

　こうして 2002 年 10 月 18 日から，改憲のための国民投票を求める署名集めが始まった。運動は，コチャバンバの戦いに倣って「水と生活を守る全国協議会」（Comisión Nacional en Defensa del Agua y la Vida, CNDAV）と名づけられた。

CNDAV の主な構成グループは上記の FFOSE, CDASCOP, LFM と REDS-AT であるが，ほかに共和国大学理学部地理学科の「持続可能な発展と環境管理研究所」や，この運動に共鳴した国民党のナショナリストグループなどがある。さらに共和国大学の学生組織と拡大戦線の一部が加わった。内陸でも運動が始まった。CNDAV は，水問題に詳しいモード・バーロウやトニー・クラーク，ウィノナ・オーター，ハリー・モンダックなどの錚々たる顔ぶれを招いて，モンテビデオで水資源防衛に関する国際会議を開き，キャンペーンに国際的な性格を与えた。組合，学習センター，地域の組織，生協，近隣の集まりなどで集められた署名は 28 万 2 千に達し，運動は「国民投票実施を求める」から「国民投票でいかに勝つか」の段階に入った［Santos y Iglesias 2006: 130-136］。

拡大戦線の執行部は，国民投票実施に必要な署名数が集まった段階で，正式に CNDAV に代表を参加させた。また，各地に地域委員会が作られ，CNDAV に参加するようになった。改憲を求める最終キャンペーンは 2004 年 7 月 21 日，国会議事堂から開始された。拡大戦線のマリアーノ・アラナ・モンテビデオ県知事（当時）もキャンペーンに参加している。8 月 20 日にはコロニア県議会が正式に改憲を支持。芸術・文化界も支持を表明した。また国外からも 36 か国から国際的連帯と支持が寄せられている。国民投票は大統領選挙・国会議員と同日の 10 月 31 日に行われ，改憲は 64.7 ％の支持を獲得した。こうして憲法第 47 条に「上下水へのアクセスの権利は基本的人権である」こと，「上下水道サービスについての措置では経済的理由より社会的理由が優先されねばならない」こと（47 条 1 項 c），「上下水道の公共サービスには国家が直接かつ排他的に責任を負う」こと（同 3 項）が定められた。

CNDAV はウルグアイ初の全国的環境保護運動であるといわれている。さらに改憲に成功した後も活動を続けている点も，これまでになかったことと評価されている。また，この運動は拡大戦線と労組と協力はしたが，これらの下部組織ではない。水道会社の労組は運動に全国的な性格を与え，重要な働きをしたとされるが，CNDAV は労組・住民グループ・知識人・環境保護団体などさまざまな性格の組織が参加し，水平的な意思決定構造を持つ組織であって，労組が中心ではない。むしろ PIT-CNT はすでに ANCAP のキャンペーンに関わっているので改憲を求める国民投票には乗り気でなかったといわれている。拡大戦線執行部も ANCAP のキャンペーンと水問題の改憲運動が同時進行することで，ANCAP のキャンペーンの力がそがれることを恐れていたという［Valdomir

2006b: 163-173]。拡大戦線の代表は国民投票終了後に CNDAV から撤退している。拡大戦線のバスケス政権が推進し，アルゼンチンとの国際紛争の原因になったセルロース工場建設に CNDAV は反対している［Santos y Iglesias 2006: 141-145］。

Ⅲ　ネオリベラリズム政策の有効性と正統性への疑問

1　ネオリベラリズムがもたらした格差の拡大

　1985 年の民政移管以降，伝統政党が行ってきたネオリベラリズム的政策は，ラテンアメリカの中では比較的中間層が厚く格差も小さいとされてきたウルグアイ社会の格差を拡大してしまった。佐藤によれば，1990 年代のラカジェ／サンギネッティ政権は，為替レートを固定管理してインフレの抑制を図ったため国際競争力を低下させたが，域内貿易を自由化するメルコスール内で同様の安定化政策をとっていたブラジル・アルゼンチン市場に依存することで経済成長を保っていた［佐藤 2005］。ただし，貿易自由化による産業構造の第三次産業化は失業を増やしたため，失業率は常にラテンアメリカ・カリブの平均を上回っていた（表5-1）。ブラジル・アルゼンチン頼みの経済は両国の政策変更で深刻な打撃を受けた。ブラジルが為替管理政策を放棄し，ウルグアイペソが割高になったため 1999 年にマイナス成長に陥ったウルグアイ経済は，2001 年のアルゼンチン経済危機に追い打ちをかけられる。このため 2002 年には経済成長マイナス 11 ％，失業率 17 ％という大不況に陥った[14]。2002 年夏にはアルゼンチン人の銀行預金引き出しに始まった銀行危機のおかげで，IMF から GDP 比でトルコに次ぐ大型借り入れを行っている［Panizza 2008: 179］。軍政期以来の規模といわれる，海外に職を求める人々の出国ラッシュも起きた。

　ブチェリとフルタードは，①貿易自由化政策が熟練労働者のニーズを拡大し，高学歴の人ほど高給を得られるようになった一方で，②低賃金の層にとって恩恵が大きかった「賃金交渉委員会」から 1991 年に政府が離脱して労使交

---

14) 2002 年 7 月末の銀行一斉休業措置のあおりで略奪事件が起きるなど，ウルグアイ社会が経験したことがない社会騒乱が起きた。バッジェ大統領（当時）はこの経済危機を「100 年に一度のトラウマ」と述懐しているが，実際，アルゼンチン経済危機はリーマン・ショック以上に深刻な影響をもたらした。

表 5-1 ウルグアイ経済指標

	GDP成長率	LA・カリブ平均 a	都市失業率	LA・カリブ平均 b	平均実質賃金 c	消費者物価指数上昇率 d	対外債務残高 e
1991	3.5	3.8	5.7	5.7	95.2	81.3	2,949
1992	7.9	3.2	9	6.5	97.3	59.4	3,392
1993	2.7	4	8.3	6.5	102	52.9	3,578
1994	7.3	5.2	9.2	6.6	102.9	44.1	4,251
1995	-1.4	1.1	10.3	7.5	100	35.4	4,426
1996	5.6	3.7	11.9	7.9	100.6	24.3	4,682
1997	4.9	5.2	11.5	7.5	100.8	15.2	4,754
1998	4.6	2.3	10.1	8.1	102.7	8.6	5,195
1999	-3.2	0.3	11.3	8.7	104.3	4.2	5,180
2000	-1.4	4	13.6	10.4	100	5.1	8,895
2001	-3.4	0.4	15.3	10.2	99.7	3.9	8,937
2002	-11	-0.4	17	11	89	25.9	10,548
2003	2.2	2.2	16.9	11	77.9	10.2	11,013
2004	11.8	6.1	13.1	10.3	77.9	7.6	11,593
2005	6.6	4.9	12.2	9.1	81.5	4.9	11,418
2006	7	5.8	11.4	8.6	85	6.4	10,560
2007	7.5	5.7	9.6	7.9	89	8.5	12,218
2008	8.5	4.2	7.9	7.3	92.2	9.2	15,425
2009	2.9	-1.8	7.6	8.2	98.9	5.9	17,969
2010	8.4	6.1	7.1	7.6	100	6.9	18,425
2011	7.3	4.2	6.6	6.7	104.4	8.6	18,345
2012	3.7	2.6	6.7	6.4	108.4	7.5	21,122
2013	4.4	2.7	6.7	6.2	111.7	8.5	22,862
2014f	3.5	1.1	6.8	6	115.7	8.1	24,244

a：1991〜1999年は1990年の米ドル表示で、2000〜2009年は2000年のドル表示で、2010年からは2010年のドル表示で計算された数値に基づく。
b：1991年はカリブ海諸国を除く。2000〜2009年は当該年12月までの変化率。アルゼンチン（2003）、ブラジル（2002）の計測方法の変化を反映させた数値。
c：1991〜1999年は1995年を100、2000〜2009年は2000年を100、2010年からは2010年を100とした値。
d：前年12月から当該年12月までの変化率。
e：単位100万ドル。IMFからの借り入れを含む。
f：2014年の数値は暫定値。

出典：1991〜1999年は「ラテンアメリカ各国の主要経済指標—2000年ECLACラテンアメリカ経済速報」より「ラテンアメリカ・レポート」18 (1)：58-66。2000〜2007年は「ラテンアメリカ各国の主要経済指標—2008年ECLACラテンアメリカ経済速報」より「ラテンアメリカ・レポート」26 (1)：65-69。2008〜2009年はECLAC, Preliminary Overview of the Economies of Latin America and Caribbean, 2010. 2010〜2014年はECLAC, Preliminary Overview of the Economies of Latin America and Caribbean, 2014. に基づき筆者作成。

渉が企業別に行われるようになったことと，(3)公共部門の労働者の賃金が改善された一方で，最低賃金が下がったことが格差を拡大した，と指摘する。さらに1998年から2002年危機の時期には都市居住者のうち，(1)収入源のタイプでは，配当・手当・年金などで生活している人より現役労働者のほうが，(2)世帯主の学歴レベルでは中等教育未修了者が，次いで初等教育しか修了していない世帯が，(3)年齢層ではまず14歳以下，次いで14～20歳の層が，最も大きな打撃を受けた，としている［Bucheli and Furtado 2005: 162-166］。ビゴリートも2002年危機前後に最も脆弱だった層は「モンテビデオに居住する，18歳未満の子供を抱え，世帯主が若く低学歴で，失業者もしくは投資なしの自営業者」だったと指摘している［Vigorito 2006: 22］。

　しかもネオリベラリズムの下では，格差は「所得階層の違いで居住地域が分かれてしまう」というだれの目にもわかる形で拡大していった。都市社会学などでセグリゲーションといわれる現象が起きたのだ。カッツマンとレタモソは，1980～1990年代のモンテビデオで貧困層が郊外の特定の地域に集住するようになったことを指摘し，それに関わる要因として(1)熟練度の低い労働への需要が不十分（一方で，国際競争力の観点からスキルのある労働者への需要は高まるので格差が開く），(2)賃貸市場の自由化，(3)社会支出がますます年金支払いに充てられるようになった時期に公共住宅政策が経費節減されていったこと，を挙げる［Kaztman and Retamoso 2005: 127-131］。低所得者層と中・高所得者層の居住地域が分離されると，次のような問題が起きる。(1)非熟練労働の需要が多いのは中・高所得者層の居住地域だが，低所得者層居住地域に住む者にとっては，働きに出ることによって負わねばならない交通費のコスト，通勤途中の犯罪あるいは家を空けている間に家族や家財が犯罪の被害に遭うリスクが上昇する。(2)階層間の交流がなくなると異なる階層への共感が持ちにくくなり，その結果，悪いイメージがついた地区からは非熟練労働者を雇用しなくなる可能性がある。さらにセグリゲーションは貧困を脱却しようという意欲をそぐ効果があるという。身近に「働いて貧困から抜け出そう」とするロールモデルが見つからないと，教育によって貧困から抜け出そうという見通しが持ちにくい一方で，非合法な手段で豊かになろうとする誘惑と闘わなければならないからだ［Kaztman and Retamoso 2005: 137-138］。

　セグリゲーションは人的資本育成の要となる教育にも負の影響を与える。階層ごとに住み分けがなされていて地区住民が画一的な地域社会では，社会階層

表5-2 GDPに占める教育支出の割合

	1964	1975	1980	1985	1990	1995	2000
(1)ラテンアメリカ・カリブ平均	2.6	3.3	3.8	3.9	4.1	4.5	4.1
(2)ウルグアイ	2.7	2.2	2.2	2.8	3.1	2.8	2.8
(2)/(1)	1.04	0.67	0.58	0.72	0.76	0.62	0.68

出典：Kaztman, Rubén and Alejandro deo Retamaso [2007: 146].

が世代的に再生産されやすいことは地理経済学などでかねてから指摘されている。橋本は同じことが学校という社会で起きる可能性を指摘し，逆に，住民の階層構成が多様な地域社会で労働者や貧困家庭の子供たちが新中間層の進学意欲が高い子供たちと机を並べて学ぶようになれば，進学実績が向上し教育機会の格差も縮小する可能性が高い，としている[15][橋本 2011: 254-257]。カッツマンとレタモソはモンテビデオのセグリゲーションが教育に与える影響を調査した。1996年に国立公教育管理機構（Administración Nacional de Enseñanza Publica, ANEP）の教育結果測定ユニットが行った公立学校に通う小学6年生の学習達成評価調査（母語と数学）をもとに，家庭・学校・近隣の社会経済環境のどれが最も学習達成度に影響するかを検討したのである。その結果，家庭や学校の社会経済的レベルの向上より近隣の社会経済的レベルの向上のほうが生徒の達成度にとって大きな影響を持つこと，特にステイタスの高い職業についている人が多い地域はさらに良い影響を与えることが明らかだ，とする[Kaztman and Retamoso 2005: 137-138]。1999年から2002年の危機が雇用に与えたインパクトは教育程度によって違いがあったことはすでに見た。ビゴリートによれば，政府も人的資本育成のためには中等教育からのドロップアウトを減らすことが重要と考え，1996年から教育改革を実施してきた[Vigorito 2006: 23]。カッツマンとレタモソも，この教育改革で就学前教育が充実したことが貧困層に与えたメリットや，貧困層居住区域の学校に建設面・人材面で重点投資がなされたこと，ミルクの配布など栄養面の配慮も行われたことを挙げている[Kaztman and Retamoso 2005: 146-148]。だが，軍政以降，伝統政党によるネオリベラリズム的政策が続いていた間，ウルグアイの教育予算はラテンアメリカの

---

15) 橋本によれば，都道府県別の大学進学率の差について，所得水準が高いわけでもなく高学歴者が多いわけでもない県で進学率が高い県には「高校間の進学実績の差が小さい」という共通点があったという。こうした県ではどの子も高校3年になるまで進学の可能性を持ち続けることができる[橋本 2011: 254-255]。

平均を下回り続けていた。

2 ネオリベラリズムに対し現実的な代替案を提示して勝利した拡大戦線

　ネオリベラリズムがもたらした負の影響について，現実的な対案を示してきたのが拡大戦線だった。拡大戦線は1989年のモンテビデオ県知事選挙で勝利して以来，首都では与党の座を守り続けている。この1989年選挙で県知事に選ばれたタバレ・バスケスが1994年以来，拡大戦線の大統領候補として伝統政党の支配に挑戦してきた。2004年の大統領・国会議員選挙で拡大戦線は，(1) 2002年危機以降，人口の30％以上が貧困層に転落してしまったことを踏まえ，「緊急社会問題に関する国家プラン（Plan Nacional para la Emergencia Social, PNES）」を提示した。また(2)負担の公平化の観点から，個人所得税の導入を柱とする効率的徴税システムを，(3)透明性確保の観点から「国家改革」と称する行政近代化と腐敗防止を公約した。その一方で，国際金融機関や海外投資家向けには債務の履行と堅実なマクロ経済の運営を行う姿勢を示した［Chavez 2008: 111; 佐藤 2005: 50］。従来，保守的であった牧場主の利益団体，ウルグアイ農村連盟（Federacion Rural del Uruguay）に対しても，選挙キャンペーン中に拡大戦線内の左派で最大派閥の人民参加運動（Movimiento de Participación Popular, MPP, 元のツパマロスが合法政党化したもの）が為替切り下げのせいでペソ建てでは2倍に膨れ上がってしまった牧場主の債務に救済を保障したことではじめて支持獲得に成功した，とパニッツァが指摘している[16]［Panizza 2008: 180］。2004年選挙の得票率は拡大戦線のバスケスが50.45％，国民党のホルヘ・ララニャガ候補が34.3％，与党コロラド党のギジェルモ・スティルリング候補は10.3％にとどまった。

　バスケス政権は，ラカジェが脱退した政労使の三者協議を復活させ，さらに協議会に公務員や農業労働者も包摂するとともに，経済協議会を設置してビジネスセクターとの「社会対話」を試みるなど，ネオ・コーポラティズム的政策

---

16) 2004年選挙で伝統政党が振るわなかった要因として，ほかに選挙制度の変更が挙げられるだろう。1997年憲法では二重同時投票が廃止され，大統領候補は事前の党内選挙で一本化されるとともに，決選投票が導入された。また，国政選挙と地方選挙が時期的に分離され，地方選挙は大統領選挙の翌年5月に行われることになった。ルナは国と地方の選挙を分離したことで，中央政界の派閥の領袖と地方のカウディーリョとの連携が難しくなったことが，伝統政党の低落をもたらしたのではないかと指摘する［Luna 2007: 16］。

をとった。また労働立法によって労働組合強化を促進した。貧困問題については，社会開発省（Ministerio de Desarrollo Socail）を新設し，PANES を実施した。PANES は，(1)健康診断，児童・生徒の登校，コミュニティでの義務履行，周囲の環境改善，研修参加への参加と引き換えに世帯主に現金給付（市民補助，el Ingreso Ciudadano），(2)若年層や妊婦を対象に食糧購入のための食券支給（国民食糧計画，Plan Alimentario Nacional），(3)居住地域で一定期間，公共事業に労働参加し，賃金を受け取りつつ職能訓練を受ける（ウルグアイのための労働，Trabajo por Uruguay）を柱とし，ほかに不法占拠者や危険な住宅に住む人，ホームレスへの支援などを含む［Banco Mundial 2008; 佐藤 2007: 44］。PANES の趣旨は 2007 年 11 月からは「公平のための計画（Plan de Equidad）」に引き継がれ，その一環として家族手当や健康保険の給付対象に失業者の家庭も含める改革が行われた。これにより給付対象になる子供は倍増した［Chavez 2010: 363-365］。教育については，GDP の 4.5 % を教育支出に回す公約を守り，小学生に 1 台パソコンを配布するセイバル計画（Plan Ceibal, 国花セイボにちなんだ名称）を実施した。

　所得格差是正の要としては，2007 年 7 月に個人所得税（Impuesto a la Renta de las Personas Fisicas, IRPF）が導入された。ウルグアイでは個人への課税は所得のタイプ別にばらばらで，しかも専門職の人や利子・地代・キャピタルゲイン収入には非課税という不公平があった。そこで拡大戦線は(1)専門職の人は個人所得税と法人所得税のどちらかで納税すること，(2)資本所得は一律 12 % の課税（ただしウルグアイペソ建て預金には優遇措置あり）という IRPF で，負担の公平化と直間比率の是正を図ったのである。日本の消費税に当たる付加価値税は税率が 23 % で全税収の 53 % を占めていた［Barreix and Roca 2007: 120-134; 佐藤 2007: 45-46］（現在の税率は 22 %）。伝統政党は IRPF に反対し，年金への IRPF は違憲であるという訴訟が起こされた[17]。

　2009 年の大統領・国政選挙では，拡大戦線は大統領候補に MPP[18] のリーダーで大衆的な人気の高い元ツパマロスのホセ・ムヒカ，副大統領候補にバス

17）　2008 年 3 月に最高裁で違憲判決が出た後，判事が交代し，今度は合憲判決が出た。裁判の結果を受けて政府は年金については新税を創設することにしたが，国民党はこれにも反対した。
18）　MPP はイデオロギースケールで拡大戦線より左に位置し，左派の票を競り合う可能性があったが，自ら拡大戦線の一翼となることを望んで，1986 年に拡大戦線への加入を申請，同年 5 月に拡大戦線への参加を許可された。

表 5-3 2004, 2009 年の議会内勢力図比較

	上院（定数 30）		下院（定数 99）	
政党名	2004	2009	2004	2009
拡大戦線	16	16	52	50
国民党	11	9	36	30
コロラド党	3	5	10	17
独立党	0	0	1	2

出典：選挙裁判所。

ケス政権で堅実な経済運営の手腕を発揮したダニロ・アストリ元経済財務相という組み合わせで，伝統的左派からばかりでなく党外の中道派取り込みを図った。経済成長については分配も発展に不可欠であるという立場をとった。一方の国民党は，大統領候補のラカジェに中道左派的なラニャガを副大統領候補で組ませ，治安問題を全面に押し出すことで，「当選したら歳出をチェーンソーでカットする」と豪語したラカジェのネオリベラリズム的性格を薄めようとした。しかし国民党は IRPF 反対を掲げ，公約では規制緩和・企業負担軽減・民間活力への期待が目立った。国家の役割については，何よりもまず，所有と労働の権利についての経済活動の自由を守ることだとする。なおコロラド党はペドロ・ボルダベリ（クーデター当時の大統領の息子）が党内選で圧勝し，元サッカー選手を副大統領候補に立てて選挙戦に臨んだ［内田 2010］。選挙戦はムヒカ優位で推移したものの，ムヒカもラカジェも失言で評価を下げ，10 月 25 日の選挙では拡大戦線は 47.96 ％とわずかに過半数に及ばず（国民党は 29.07 ％，コロラド党は 17.02 ％），大統領選は決選投票に持ち込まれた。ボルダベリは早々にラカジェを支持したが，11 月 27 日の決選投票ではムヒカ 52.39 ％，ラカジェ 43.51 ％でムヒカが勝利した［内田 2010］。

3 正統性の源泉としてのバジスモ
―― 周辺国の「社会民主主義」的伝統

ネオリベラリズムはウルグアイ経済の競争力を強化するどころか，社会的格差を拡大した。政策に有効性・実効性がなければ支持は得られないが，ネオリベラリズムは正統性の観点からもウルグアイ社会にはなじまない存在である。今日のウルグアイの基礎を作ったのは 20 世紀はじめのバッジェ・イ・オル

ドーニェスである。彼は選挙制度を整備し，選挙に負けた側もある程度決定に参加できる仕組みを作ることで，19世紀のウルグアイを悩ませた二大政党による内戦を防ぐとともに，ヨーロッパ視察に学び，階級対立を宥和する8時間労働法（1915年），老齢者年金法，労災法（1920年），農業労働者最低賃金法（1922年）などの成立のイニシアティブをとった。この政策によって，労働者たちは個人としてコロラド党に包摂され票田となってきた。また彼は英国資本の圧倒的影響力を憂慮し，電力産業を国有化（1912年）するだけでなく，英国系資本に牛耳られていた銀行・保険業を国家の管理下においた。ウルグアイでは以後，公共事業は「エンテス・オウトノモス（entes autónomos）」といわれる公営企業によって運営されてきた。この企業体の経営には，選挙での得票に応じて各政党から取締役が参画する。こうした彼の思想は「バジスモ」といわれ，ウルグアイの政治では常に参照基準となってきた。たとえば，2009年の選挙の際，コロラド党のボルダベリ候補は当時議論されていた集団交渉法について「バジスモになじまない」という表現で否定していた[19]。バジスモの影響はコロラド党だけでなく，1971年大統領選挙で最多得票だったフェレイラや現在のララニャガのように，国民党の一部にも見て取ることができる。

　拡大戦線は1990年頃から，創設時の反帝国主義反オリガルキーを旨とした綱領を修正し，バジスモを再解釈した綱領に徐々にシフトしていったといわれる［Luna 2007: 17］。2009年夏に筆者が行った現地専門家へのヒアリングでも，複数の専門家から「拡大戦線がバジスモを代替している」という指摘があった。現地保守系週刊誌『ブスケダ』（*Busqueda*）の編集局長アンドレス・ダンサ氏は「ウルグアイでバジスモはもっとも重要だ」といい，「今，バジスモを代表するのは拡大戦線だ」という［インタビュー 2009.9.3, モンテビラオ］。共和国大学の教員で政治学者のアドルフォ・ガルセ氏も「かつてのコロラド党の位置にいるのが拡大戦線だ。コロラド党支持者のうち，コロラド党の社民的な要素を支持していた人々は拡大戦線を支持するようになった。この層はもうコロラドには戻ってこない」と見ている［インタビュー 2009.8.29］。ウルグアイの派閥政治研究で著名な政治学者で世論調査会社 CIFRA の共同代表ルイス・エドゥワルド・ゴンサレス氏も「ネオリベラリズムはウルグアイ社会

---

19) 2009年9月7日，ラジオ・エル・エスペクタドール，Factum, Deloitte 社共催「対談：大統領候補と企業家」会見での発言。

をまったく変えていない」といい，「ウルグアイは中間層の国。社民でなければ選挙に勝てない。（中間層は）税金が上がって文句は言うが，結局，拡大戦線に投票する」と述べている［インタビュー 2009.8.21］。

おわりに
―― 周辺国型社民主義の今後

　拡大戦線は伝統政党に対するオルタナティブとして徐々に穏健化し，格差をもたらしたネオリベラリズムを批判するだけでなく，格差を是正する対案を提案することで2004年の大統領選挙に勝利した。バスケス政権は2003年頃から（つまりバッジェ前政権の頃から）始まった商品ブームの中でも財政規律を守り，ばらまきではなく普遍的な基準に基づいて再分配政策を行ったとされるが，時限立法のPANESに始まり，「公平のための計画」へ引き継がれていった貧困削減政策については，ターゲット化が成功したかどうかさらなる検証が必要だろう。格差是正のため導入され賛否両論を巻き起こした個人所得税については，富裕層からの移転が期待できるという評価［Barreix and Roca 2007］と，低収入層に利益を与えるために課税が容易な中間層（給与所得者が主）に負担を強いたという評価［Chavez 2010: 360］がある。

　2009年の選挙では，有権者は拡大戦線の政策継続を選んだ。行政改革，教育改革などの課題はムヒカ政権に引き継がれた。だがこの2つには公務員労組，教員労組の反発が大きい。また，ムヒカは農村不動産税（Impuesto a la Concentración de Inmuebles Rurales, ICIR, 上・下院とも拡大戦線のみが賛成して可決）を導入した［*La Republica* 17 de novembre de 2011; 29 de diciembre de 2011］が，この法案には最高裁で違憲判決が出てしまった。

　ムヒカ政権は有権者にどのように評価されているだろうか。2014年8月28日付で発表された世論調査会社CIFRAのデータによれば，任期中の支持率が50％を下ったことがないバスケス前大統領に比べ，ムヒカの政策への支持は大統領就任年の2010年こそ62％の支持を得ているが，2年目は42％，3年目41％と下がり，4年目が45％で，任期最後の2014年は1月が47％，3月52％，5月54％，7月57％，8月が60％となっている。ムヒカの場合は支持政党の違いで評価がはっきり分かれるのが特徴である。2014年8月の調査でも，2009年の国政選挙で拡大戦線を支持した人々の間では，ムヒカ支持が

85％に上るが，国民党支持者では26％（不支持は48％），コロラド党では30％（不支持は58％）にとどまる。共和党保守派と民主党リベラルの亀裂がかつてなく大きくなったアメリカ合衆国のように，ウルグアイもまた，2つに分かれてしまった感がある。14年8月26日付のCIFRA世論調査「過去10年で公共部門の汚職は増えたか」でも，コロラド党支持者の53％，国民党支持者の54％が「増えた」と答えているのに対し，拡大戦線支持者で「増えた」と答えたのは15％にすぎない（逆に46％が「汚職が減った」と答えている）。

　ムヒカ政権のもとで最大の問題となったのは，急速に悪化した治安問題だ。教育問題がこれに次ぐ。世論調査でも53％が「治安」を第一の問題に挙げている（これに対し，「雇用・貧困」を挙げたのは9％，税・インフレは6％にすぎない）。2014年10月26日に行われた国政選挙と同時に，コロラド党の大統領候補ボルダベリが仕掛けた「刑事処罰年齢引き下げ」（18歳から16歳にする憲法改正を提案）をめぐる国民投票が行われたが，投票総数2,372,117票，うち賛成が1,110,283票（46.8％）で改正は否決された（選挙裁判所，http://www.corteelectoral.gub.uy/nacionales2014/proclamacion/ACTA9414PLEBISCITO.pdf，2014年11月19日閲覧）。

　2014年の国政選挙では，ラカジェ元大統領の息子ルイス・ラカジェ・ポウが41歳という若さを武器に党内選挙でララニャガに勝利し，拡大戦線に挑んだ。彼は民営化を推進した父と距離を置いて，拡大政権下の財務省・国債局でキャリアを積んだ女性テクノクラート，アスセナ・アルベレチェ氏を財務大臣に充てるとして拡大戦線を追い上げた。拡大戦線のバスケスは，副大統領候補にラウル・センデッィク（ツパマロスのセンディックの息子）元ANCAP総裁を選んでラカジェ・ポウの若さに対抗し，拡大戦線政権の2期10年の実績をアピールした。接戦という予想を覆し，拡大戦線は1,134,187票（投票総数の約47.8％）を獲得したが，得票が50％に達しなかったので，732,601票（約30.9％）獲得した国民党のラカジェ・ポウとバスケスの決選投票になった。11月30日の決選投票ではバスケスが1,226,105票，ラカジェ・ポウが939,074票で，バスケスが勝利した。

　拡大戦線の中では国家の役割を重視するMPPやセンディックの会派が票を伸ばし，市場重視のアストリ派は票を減らした。拡大戦線は上院（定数30）のうち15議席を獲得，ここに副大統領のセンディックが議長として加わる。このうち9議席がMPPやセンディックらが組んだ会派のものである。国民党は

10議席,コロラド党はわずかに4議席,独立党が1議席を獲得した。下院(定数99)でも拡大戦線は過半数の50議席を制した。国民党は32議席,コロラド党は13議席,独立党が3議席を獲得したほか,拡大戦線より左派の統一人民党(Unidad Popular, 選挙での会派名は人民議会党 Partido Asemblea Popular)がはじめて1議席を獲得した[http://www.corteelectoral.gub.uy]。

　バスケスは大統領の連続再選が禁じられているウルグアイで,バッジェ・イ・オルドーニェス,サンギネッティに続き史上3人目の,「2回大統領に就任した政治家」となる。そして拡大戦線は3期連続して議会内で多数派を形成する。10月の選挙が終わったころから,新聞各紙では,この拡大戦線を「新しいバジスモ」と見なす向きが増えている。かつてバジスモを担ったコロラド党はもはや見る影もない。しかし,国家の役割を重視するバジスモは拡大戦線の中に生きている。ネオリベラリズムはウルグアイのバジスモの伝統を壊すことはできなかったのだ。

第6章

チリにおける政党システムの硬直化と政治不信
——「二名制」選挙制度がもたらす「駆け引き政治」の落とし穴

浦部浩之

扉写真：学生ストにより積み上げた椅子で校門が封鎖されているテムコ・カトリック大学の光景。

　軍事政権下のネオリベラリズム政策によって経済の安定を取り戻し，民政移管によって民主化も達成したチリだが，政治経済が堅調に推移する一方で，硬直化した政党システムに対する市民の批判が高まっている。

はじめに
── 堅調なチリの政治経済と政治的無関心の増大

　本章が分析対象とするチリは，ネオリベラリズム改革が軍事政権による政治的抑圧の下で断行されながら，民政移管に伴って政権に復帰した中道や中道左派の諸政党がネオリベラリズムへの批判を首尾よく吸収し，堅固な政党システムが定着してラテンアメリカ随一の政治的・経済的安定が実現されたという点で注目される事例である。ただ，こうした安定は皮肉にも，プロの政治家による技術的な駆け引きをチリの政治に蔓延らせ，政党政治と市民社会の乖離が生じて人々の間に政治への失望や無関心を広げるとの新しい問題も生んだ。チリの事例はポストネオリベラリズム期のラテンアメリカで一般的に期待されている成熟した政治の持つ落とし穴を強く示唆している。

　まず一連の経緯を確認しておこう。チリでネオリベラリズム政策を導入したのは，1973年9月のクーデターでサルバドル・アジェンデ政権を倒したアウグスト・ピノチェト将軍を首班とする軍事政権である。ピノチェト政権は社会主義革命を標榜するアジェンデ政権への反動で生まれた政権であり，その経済政策の基調はドグマ的ともいえるほど市場経済原理を信奉した徹底した自由化路線にあった。これによりチリはラテンアメリカ域内でいち早くマクロ経済を回復基調に乗せることになる。だがこの「成功」は，ピノチェト政権が国会を閉鎖し，政党活動を禁止し，労働運動や左派の活動を弾圧するという抑圧体制を敷いていたがゆえに実現しえたというのも紛れもない事実であった。

　したがって1990年3月，民政移管が実現し，反軍政民主化運動に中心的な役割を担ってきた中道および中道左派の諸政党が連合したコンセルタシオン（Concertución）が政権に就いた時，新生文民政権がいかなる経済政策を選択するかについては，財界や右派の間には大きな懸念が存在した。しかし，社会主義諸国の激動や冷戦の終結と時代を符合して民主化運動を展開していたコンセルタシオンのリーダーたちは，ピノチェト政権によって導入されたネオリベラリズム型の政策を，マクロ経済の面では基本的にそのまま踏襲し，その上で，軍政期には軽視されていた社会政策と貧困対策を拡充するとの方針を採用した。この「平等を伴う成長」戦略は，1991年から2004年までのチリの国内総生産（GDP）の年平均成長率を，米国やほかのラテンアメリカ諸国のそれを大きく上回る4.2％に押し上げ[1]，また1990年の時点で38.6％であった貧困人口

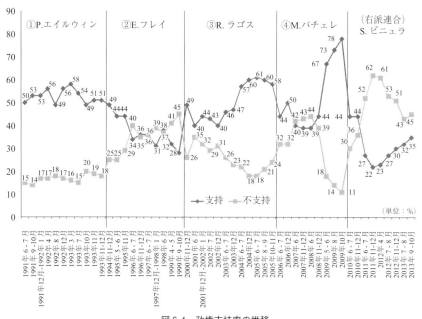

図 6-1 政権支持率の推移

出典：CEP［2013: 64］．

率を，1994 年には 27.6 %，2000 年には 20.2 %，2009 年には 15.1 % へと着実に低下させた[2]。こうした実績を背景に，コンセルタシオン政権は国民からの支持を集め（図 6-1 参照），4 期 20 年間にわたって政権の座を維持するという，ラテンアメリカで傑出した政治経済の安定を築き上げることになったのである。

ところが 2009 年の大統領選挙（決選投票は 2010 年）において，コンセルタシオンの擁立したエドワルド・フレイは 48.39 % 対 51.61 % の僅差ながらも野党連合の推すセバスティアン・ピニェラに敗北を喫し，52 年ぶりとなる右派政権の発足を許した。また同時に実施された下院議員選挙（定数 120）でも，コンセルタシオンははじめて過半数に届かず（獲得議席数 57），1 議席差では

---

1) この期間の年平均 GDP 成長率はチリ以外ラテンアメリカ諸国が 1.2 %，米国が 1.9 %，世界平均が 1.4 % である。なお，東アジア・太平洋は 6.9 % に達している［Klaus 2006: 46］．
2) 企画協力省・国民社会経済調査（CASEN）データに基づく［http://www.mideplan.gob.cl/casen/Estadisticas/pobreza.html，2011 年 8 月 21 日最終閲覧］．

表6-1 下院議員選挙結果 (1989～2009年)

名簿	1989年 得票率	1989年 当選者数	1993年 得票率	1993年 当選者数	1997年 得票率	1997年 当選者数	2001年 得票率	2001年 当選者数	2005年 得票率	2005年 当選者数	2009年 得票率	2009年 当選者数
コンセルタシオン	51.49%	69	55.40%	70	50.51%	69	47.90%	62	51.76%	65	44.35%	57
キリスト教民主党 (PDC)	25.99%	38	27.12%	37	22.98%	38	18.92%	23	20.76%	20	14.21%	19
社会党 (PS) ※1			11.93%	15	11.05%	11	10.00%	10	10.05%	15	9.88%	11
民主主義のための党 (PPD)	11.45%	16	11.84%	15	12.55%	16	12.73%	20	15.42%	21	12.69%	18
急進社会民主党 (PRSD) ※2	3.94%	5	2.98%	2	3.13%	4	4.05%	6	3.54%	7	3.80%	5
コンセルタシオン系諸派・無所属	10.11%	10	1.53%	1	0.81%	0	2.20%	3	1.99%	2	1.75%	1
共産党 (PC) ※3											2.02%	3
右派連合	34.18%	48	36.68%	50	36.26%	47	44.27%	57	38.72%	54	43.45%	58
国民革新 (RN)	18.28%	29	16.31%	29	16.77%	23	13.77%	18	14.12%	19	17.81%	18
独立民主同盟 (UDI)	9.82%	11	12.11%	15	14.45%	17	25.18%	31	22.36%	33	23.05%	37
中道中道同盟 (UCC)			3.21%	2								
右派連合系諸派・無所属	6.09%	8	5.05%	4	5.03%	7	5.32%	8	2.24%	2	2.59%	3
その他の政党連合・無所属	14.33%	3	7.93%	-	13.23%	4	7.83%	-	9.51%	1	12.21%	5
合計		120		120		120		120		120		120

出典：選挙審査裁判所 (TRICEL) 公式発表に基づき筆者作成。

※1：社会党は軍政下で合法化されていなかったため、1989年民政移管選挙の際の社会党系候補の得票率・当選者は、表中ではコンセルタシオン系の「諸派、暫定派」に党籍をおいていた「PPD」、あるいは「その他の政党連合・無所属」に含まれる。
※2：急進社会民主党 (PRSD) の得票率・当選者のうち、1989年、1993年は急進党 (PR) のもの。急進党は1993年選挙で得票率5％以上もしくは当選者5名以上との政党登録要件を満たせず登録が取り消されたため、社会民主党 (PSD) と合併した。
※3：共産党は2005年選挙までは左翼の諸派と政党連合を構成して候補者を擁立（表中では「その他の政党連合・無所属」に含まれるが、当選者はなし）。2009年選挙でははじめてコンセルタシオンと統一名簿を構成（3名当選）。

あったがはじめて右派連合の獲得議席数を下回った（表6-1）。2006年5月に発生した10万人規模の高校生・大学生を中心とするデモ[3]を端緒とする断続的なデモやストライキに端的に現れている通り，コンセルタシオン政権は，大きな政策的な失敗がなかったにもかかわらず人々の支持を失っていったのである。

　もっともそれに応じて市民の間で政治を動かすことへの熱意が高まってきたかというと，実態はまったく逆で，投票所に足を運ばない人が増えていることが社会問題にもなっている。チリでは投票権を行使するには，自ら出向いて有権者として登録しておく必要があり，かつ，それ以降は常に投票することが義務化される（この伝統的な制度は後述の通り，2012年1月に改正）。しかしながらこの手続きをとろうとしない若者が増加の一途をたどり，18歳から29歳の層では3割を切るまでになった。

　要するに，チリではネオリベラリズムの影響を，少なくとも周辺国に比すれば安定的な政党政治のもとで首尾よく吸収していながら，市民が既成の政治や政治家に対して冷めた感情を抱き，漠たる不満を鬱積させるという，先進国的ともいえる状況が現出しつつあるのである。その背景には民政移管後のチリ政治を特徴づけている「コンセンサス政治」があるといえよう。軍政派と反軍政派の話し合いと妥協による民主化が実現したチリでは，民政移管後も与野党が慎重に合意形成を重ねる政治スタイルが継承された。それは先行き不透明感の漂う民主化直後の不安定期においては一つの有効な手段であり，それを巧みに成し遂げたことがチリの政治的・経済的安定の土台を形成することにもなった。ところが，この政治スタイルは次第に政治エリートのみによる集権的で技術的な「駆け引き政治」と化し，政治の場を「閉じた世界」へと追いやって，市民の声を吸収する力を衰えさせ，「政治離れ」の現象を引き起こした。

　この政治スタイルを生み出し，かつ構造的に再生産・強化しているのが，「二名制（Sistema Binominal）」[4]と称される，チリのやや特殊な選挙制度にあるというのが本論で特に強調したいことである。以下で分析を進めていきたい。

3）　最初に発生した2006年5月のデモは，市内バスの通学運賃の引き上げ問題を直接の引き金としている。これ以降の高校生・大学生による街頭での抗議活動や授業ボイコットは，制服の色合いになぞらえて「ペンギン革命」とも呼ばれる。

4）　「二名選挙制（Sistema Electoral Binominal）」と称されることもある。

I 「二名制」と「コンセンサス政治」の定着

1 「二名制」の導入

　チリの選挙区は上院が19，下院が60に区割りされ，各選挙区の定数は2となっている。有権者は候補者1人を選んで票を投じる。しかし単純に得票数の上位2名がそのまま選出されるわけではない。投票はまず，同一の「名簿（lista，政党もしくは政党連合）」に名を連ねる2名の獲得票が合算して集計される[5]。そして得票数第1位の「名簿」の2名がそろって当選するには，第2位となった「名簿」の得票数の2倍を超えている必要がある。この要件が満たされていない場合は，第1位の「名簿」の上位1名と第2位の「名簿」の上位1名が当選する仕組みになっているのである。

　こうしたややいびつな選挙制度が導入された背景には，軍事政権が民政移管選挙の際，軍政支持派の獲得議席をできるだけ反軍政派のそれに近づけようとしたことにあった。今日のチリの選挙制度は，軍政末期の1988年4月に公布された「選挙に関する準憲法組織法」（法律第18,700号）によってその骨格が作られている。パストルが選挙制度の設計に関わった人物へのインタビューに基づいて論じているところによれば，上下両院の各選挙区の定数を2とする構想はすでに1984年の時点で議論されていたという。チリでは20世紀の初頭から長きにわたり，政治勢力が右派・中道派・左派に3分されてきた。そしてこの3派のうちのいずれかの2派が連立を組むことを必須とする宿命がチリの政治を不安定化させてきたとの問題認識が強くあり，その解消のために均衡する2つの穏健な政治ブロックに3派を収斂させるとの狙いが選挙制度に込められていたという［Pastor 2004: 50］。

　ただし，1988年に制定された「選挙に関する準憲法組織法」は各選挙区の定数を2とすることを定めているだけで，いま述べた「二名制」と称される独特の集計システムを定める条項（109条の2）が書き加えられたのは，1989年5月に公布された同法の修正法（法律第18,799号）（第18条）においてである。すなわち，ピノチェトは自らの任期延長を目論んで臨んだ1988年10月の大統領信任国民投票に敗れて民政移管を余儀なくされたものの，マクロ経済の実績

　5）「名簿」に登載される候補者の数は最大2名とされており，1名だけであってもよい。1名だけの場合は，その候補者の得票数がそのまま当該「名簿」の得票数と見なされる。

などで財界や右派からの根強い支持も維持していた(国民投票の結果は不信任54.7 %に対し信任43.0 %)。自らの影響力を残したい軍事政権側は,手元にある詳細な国民投票のデータを綿密に分析し,民政移管選挙の半年前に,自己の利益になるとの確信を持って「二名制」を導入した[Siavelis 2005: 194-195]のである。

2 「二名制」が生み出した「コンセンサス政治」

「二名制」の狙いは見事に的中した。典型的な事例として,たとえば反軍政運動の象徴的存在であったリロルド・ラゴス(後の大統領)の落選がある。ラゴスは同じコンセルタシオンから出馬した議員(得票数40万8227)に次ぎ,第2位となる39万9721票を獲得した。ところが2人の合計得票数(80万7948)は,右派連合から出馬した2候補の合計得票数(42万4252)の2倍にわずかながらも及ばず,2人目の当選者はラゴスではなく,22万4296票しか獲得しなかった右派連合の首位得票者になったのである。

軍事政権はこの選挙制度を設けた上でさらに周到に,軍の退役将軍など9名[6]からなる任命上院議員の制度を用意した。その意図はもちろん,軍事政権側が自らの息のかかった人物を上院に送り込むとともに,確実にコンセルタシオンを過半数割れさせることにあった。民政移管後の上院の議席配分はコンセルタシオンの22に対し,軍政継承派の右派連合と任命議員が計25となり,コンセルタシオン政権はあらゆる政策の遂行に野党からの同意とりつけが不可欠となる状況に置かれたのである[7]。

新生民主主義体制下において,「コンセンサス政治」に長所がなかったわけではない。軍は自らが作った1980年憲法体制のもとで,制度的特権と政治的

---

[6] 大統領が任命する元大学学長1人と元国務相1名,国家安全保障審議会が任命する陸・海・空・警察軍の元将軍各1名,最高裁が任命する元最高裁判事2名と元総監査院長1名。ただし,第2次コンセルタシオン政権以降は大統領指名の3名はコンセルタシオン系になった。さらに最高裁についても,世代交代が進むにつれ,従来の軍事政権寄り姿勢から次第に中立化していった。そして「任命上院議員」は2005年8月の憲法改正で廃止が決まり,ミシェル・バチェレ政権期(2006年3月)以降は存在していない。

[7] チリにおいて法案は両院で過半数の賛成を得なければ可決されず,憲法や憲法組織法をはじめとする基本法を改正するには,規定に従い,5分の3もしくは3分の2以上の賛成を得なければならない。

発言力を高度に保持しており，パトリシオ・エイルウィン大統領率いる初代文民政権は，ピノチェト陸軍総司令官の出方を見極めながら，軍の犯した人権侵害事件の処理や民主主義強化のための制度改革に取り組んでいかなければならなかった。他方で，政治的自由が拡大する中で高まるさまざまな経済的要求に対して，健全な財政政策や政治的安定を損なうことなく対処する必要もあった。ウィランドは，政府と与野党，それに労・使のエリートがこの時期，経済の安定と民主主義体制の維持という点で価値を共有し，個別的利益を排して財政規律の維持や社会支出の拡大といった集合財の追求のために協調したこと[8]を評価する [Weyland 1997]。対話と合意形成が必須とされたがゆえ，新政権の政策は結果的には穏健かつ堅実なものとなり，また軍事政権の残した制度的枠組みに忠実に行動することで軍による政治介入の口実を封じることにもなった [浦部 2007: 86]。

ただし「コンセンサス政治」に内在する短所は非常に大きかったといえる。与野党の勢力構図が大きく変わる見込みがまったくない中，両者は重要な政策領域において真剣な議論と中味のある政治合意の形成を避けて技術的な妥協を指向する傾向を強めていくことになった [Garretón and Espinoza 2000] のである[9]。

II 「二名制」の弊害

1 「二名制」が引き起こす政党システムの硬直化

「コンセンサス政治」は「駆け引き政治」という負の側面を時間とともに強化してきたといえる。その大きな理由は，「二名制」が政党システムを著しく

---

8) 具体的には，法人税などの増税とそれによる社会支出増や，労働権の拡大とやや抑制的な賃上げに関する合意形成を与野党間や政・労・使で積極的に進めたことがある。税制に関しては，法人税（第1カテゴリー税）の10％から15％への引き上げをはじめとする直接税の増税と付加価値税（IVA）の16％から18％への引き上げを柱とする改革案に，財界の頂点組織である生産商業連合会（CPC）が同意し，右派野党の一角である国民革新（RN）が議会で賛成したことにより実現した [Weyland 1997]。これによって1993年の末までに歳入に占める直接税の割合は18.3％から24.1％に上昇し，GDPに占める社会支出の割合は9.9％から11.7％へと拡大したと試算されている [Pizarro 1995]。

9) たとえば人権問題のような，右派が事実上の「拒否権」を行使する政策課題はきわめて乏しい成果しか上げられないまま棚上げ状態に置かれることとなった [浦部 2007]。

硬直化してしまっていることにある。「二名制」はその当初こそ，穏健な二大政治ブロックを創出することに一定の役割を果たした。ところがこの制度は，一度できあがった政治ブロックの再編成を著しく抑止する作用を持った。つまり第一勢力にしてみれば，2 議席独占（doblaje）を果たそうとするなら，ブロック内の結束を維持強化し，党勢を拡大していくことが必須の課題となる。また第二勢力にしてみれば，自ブロックを分裂させれば第一勢力に 2 議席独占を許すだけの結果に終わるのであり，やはり連合関係はなんとしても堅持しなければならない。当初は軍政支持か反軍政かをもっぱらの対立軸として結集していたはずの 2 つの政党連合が，民政移管後 20 年以上を経ていまなお固定的に存続していることの一つの理由もここにあるといえよう。

2 「名簿内争い」の過熱と政策論争の衰退

　政党システムの硬直化と「二名制」は，選挙におけるインフォーマルで不健全なゲームのルールを作り上げ，回を重ねるごとにそれが強化されていくことになった。

　もし「二名制」のもとでの選挙戦略の理想像を描くとするなら，各ブロックはできるだけ魅力的な大統領候補を擁立して有権者を惹きつけ，議会選の 2 人の候補者が切磋琢磨して票を掘り起こし，大統領を当選させ，かつ議会選での 2 議席独占も果たす，ということになろう。しかし，前掲の表 6-1 に示されている通り，両政治ブロックの力関係は，決定的な差がないまま 20 年以上にわたり拮抗しており，一つの政治ブロックが相手陣営の 2 倍以上の票を集めて議席を独占するのが非常に困難であるということはもはや政治の「常識」となっている。この構図が選挙戦の前提となっているため，各候補者は「敵」を，自分の当落にはほとんど関係のない相手ブロックの候補者ではなく，自ブロック内のもう 1 人の候補者と見なすようになっているのである。

　この「名簿内争い」は，時に過剰なまでに過熱している。たとえば 2009 年選挙においてサンティアゴ首都圏下の下院 24 区では，選挙を 10 日後に控え，選挙運動の物品（ポスターなど）を破壊されたとして民主主義のための党（Partido por la Democracia, PPD）の候補者が同じコンセルタシオンから立つキリスト民主党（Partido Demócrata Cristiano, PDC）の候補者を裁判所に告訴した。また下院 17 区でも，その数日前，独立民主同盟（Unión Demócrata Independiente, UDI）

の候補者が同じ右派連合から立つ国民革新（Renovación Nacional, RN）の候補者を侮辱罪で告訴した［浦部 2010］。ここまでいかずとも，各候補者が自陣営のペア候補者と激しく争うことは常態化しており，ペア候補者として擁立されるのが政治的に弱い人物であることを期待する雰囲気［Garrido 2009: 278］すらある。こうした選挙戦において，本来あるべき政策論争が与野党間で展開される余地は小さく，選挙が果たすべき政策の選択という機能は構造的に失われてしまっているのである。

3 候補者選定をめぐる党中央への権限集中と複雑な政党間調整

　各党の擁立する候補者やその選挙区を決定する権限は，政党の執行部ないし中央組織に集中することになる。上院でいえば10選挙区20人もしくは9選挙区18人の[10]，下院でいえば60選挙区120人分の出馬枠を，候補者の組み合わせ方も勘案しながらどのように配分するかは，政党間の交渉で決めるよりほかはないからである[11]。

　この交渉は，政党連合が2つの政党で構成され，かつ党勢がほぼ等しければ比較的単純である。両政党が各選挙区に1人ずつの候補者を擁立すればよいからである。これに当たるものとしては，1997年と2001年の選挙において右派連合の国民革新とUDIがそれぞれ同数の候補者を立てた事例がある[12]。

　しかし多くの場合，政党連合を構成する諸政党は，①各党にいくつの立候補枠を配分するか，②その枠をどの選挙区に割り振りするか，③具体的にだれを

---

10) 上院の任期は8年間とされており，4年ごとに約半数ずつが改選されている。下院の任期は4年間とされている。

11) 憲法第19条には「（政党の）規約は内部における民主主義を十分に保障するよう考慮された諸規定によらなければならない」と定められている。そして政党に関する憲法組織法（法律第18,603号）にはその第31条で「政党の規約には，上院および下院議員の候補者の指名や支援は（党の）総務会（Consejo General）によって行うとの規定が含まれていなければならない」と定められている。実際には，キリスト教民主党と社会党では候補者の決定に際して党内予備選挙が行われ，その上で社会党の場合は，最終決定は中央委員会（Comité Central）に委ねられる。PPDと国民革新では，候補者は全国代表からなる委員会（PPDは Junta Nacional，国民革新はConsejo Nacional）で指名される。UDIでは，候補者は党中央の執行部によって指名される［Siavelis 2005: 200-204］。しかしいずれにしても，候補者を決定する際に，地方組織や地方党員の意思を積み上げる仕組みは成立しにくい。そもそもの問題として，当該選挙区における2名分の立候補枠が自党に割り当てられるか否かは，中央の執行部が行う政党間交渉の結果にかかっているからである。

擁立するかということを，政党間のバランス，過去の選挙実績，地域的な地盤，候補者個人の人気や実績，そして2人の候補者の組み合わせ方などを考慮しつつ決めていかなければならない。そこには当然，政治的な思惑も含め，複雑な計算，交渉，そして妥協が求められる。こうした「全体調整」の役割は必然的に，各政党における中央の執行部に集中せざるを得ない。

では実際の候補者調整はどのように行われるのであろうか。各選挙区の出馬枠が2であるので，理論的にいえば政党連合内に2つのサブ連合ができ，まず各々が60ずつの出馬枠を得ることになる。コンセルタシオンは中道派のキリスト教民主党と急進社会民主党（Partido Radical Socialdemócrata, PRSD），および中道左派の社会党（Partido Socialista de Chile, PS）とPPDの2つに大きく色分けされる。1997年までは，基本的にはまずこの2つのサブ連合の内部で出馬枠が配分され，その上で最終的な調整が全党間で行われていた。

候補者調整において，小政党は必ずしも不利な立場にあるわけではない。急進社会民主党は2001年選挙の際，キリスト教民主党と中道左派2党の双方に対し，より多くの出馬枠を与えてくれる党とサブ連合を形成するとの条件を突きつけた［Siavelis 2005: 207］。大政党にとって，小政党の協力は無視できない。選挙戦は事実上，「名簿」内での第1位をめぐる争いとなっているため，当該選挙区に候補者を出さない党の持つ票田を確保できるか否かは，当落に直結する問題になるのである。2001年選挙では結局，急進社会民主党はサブ連合を組む相手を中道左派に変更した。そして全体調整を経て決まったコンセルタシオンの下院の立候補者120名の最終的な内訳は，キリスト教民主党が55名，急進社会民主党が8名，社会党が26名，PPDが29名，無所属が2名となった（つまり，2つのサブ連合が60ずつを分け合っているわけではなく，さまざまな事情を勘案しつつ各党の執行部の間で最後の詰めが行われている）。表6-1に示されている通り，2001年以降，急進社会民主党は得票率のわりには多くの候補者を当選させている。また中道左派勢力，特にPPDも党勢の拡大に成功している。政党間交渉においていかなる戦術をとるかは党の盛衰に関わる問題

---

12) 両党はそれぞれ自党の党員，もしくは自党と協力関係にある無所属の人物を候補者として擁立した。なお，1997年の選挙でUDIが擁立した候補者の中には，個人政党である「南の党（Partido del Sur）」（選挙の時点では法律による政党要件を満たしていた）の候補者1名を含む。また，2001年の選挙で右派連合は下院42区で擁立する候補者を1名に絞り（したがって全国で擁立した候補者の総数は119名），過去2回の選挙でコンセルタシオンに許していた2議席独占を終結させることに成功した。

であり，ここにも候補者選定の権限が党の中央に集権化する構造的な理由がある。

4　政党間の談合や取引の横行

　候補者を全国の選挙区にうまく配置することは選挙戦略上の鍵である。2009年選挙で右派連合が勝利した重要な要因は，2005年選挙で国民革新と UDI が大統領候補の一本化に失敗[13]して対立を残し，議会選の結果も振るわなかった（表6-1参照）との反省に立ち，政党間協調をうまく推し進めたことにあった[14]。ただし，こうした協調にはその分，談合や取引が入る余地も生まれやすい。たとえば右派連合はこの選挙において，上院3区では UDI が選挙に勝つ気のない候補（得票率はわずか1.81 %）を擁立するにとどめて国民革新の候補者の当選を助け（表6-2a），逆に上院10区では国民革新が弱小候補を擁立するにとどめて UDI 党首の当選を保証している（表6-2b）。

　当選者の「事実上の指名」ともいい得るこうした取引はもちろん右派だけの問題ではない。コンセルタシオンの例でいえば，2005年選挙で，社会党のミシェル・バチェレとキリスト教民主党のソレダ・アルベアル党首が統一大統領候補の座を争っていた。しかし劣勢に立たされていたアルベアルは，予定されていた予備選挙を目前にして自発的に候補者争いから退いた。その引き換えに，アルベアルは上院議員選に出馬することになり，社会党・PPD 陣営は有力候補を立てることを避けてアルベアル当選に協力したのである（表6-2c）[浦部 2008]。

　ペア候補者を告発するような身内どうしの醜い足の引っ張り合いであれ，技術的で巧妙な政党間の取引であれ，二大政治ブロックが当選者を1名ずつ分け合うことが「既定路線」化した「二名制」は，政治の世界に技術的で打算的な利害調整を蔓延らせ，選挙が持つべき政策の選択という重要な機能を蝕んでいる。そして，選挙でだれが当選するかは，選挙民の意思ではなく，事実上，候

---

13)　2005年選挙で右派連合は大統領候補の一本化に失敗し，UDI の J. ラビンと国民革新のピニェラが選挙戦を戦ったため，両党間に大きなしこりを残し，議会選においても得票率と獲得議席数を減らす結果となった（表6-1参照）。

14)　協調を強めることの必要性に対する認識は，UDI と国民革新の両党が2008年10月実施の地方選挙で候補者調整を精力的に進め，一定の成果を収めた（たとえば右派連合の市長の数は改選前の104から144へ増加した）ことで強まった [Libertad y Desarrllo 2008]。

表 6-2a　政党間取引の事例（2009 年上院 3 区）

名簿	候補者名	所属政党		得票数	得票率
コンセルタシオン	アジェンデ（I. Allende）	キリスト教民主党（PDC）	当選	28,240	26.81%
コンセルタシオン	レアル（A. Leal）	社会党（PS）	−	19,693	18.69%
右派連合	プロクリカ（B. Prokurica）	国民革新（RN）	当選	34,793	33.03%
右派連合	レテリエル（C. Letelier）	独立民主同盟（UDI）	−	1,909	1.81%
地域主義連合	ムレ（J. Mulet）	独立地域主義党（PRI）	−	18,580	17.64%
地域主義連合	ペニャ（R. Peña）	独立地域主義党（PRI）	−	2,126	2.02%
	計			105,341	100.00%

表 6-2b　政党間取引の事例（2009 年上院 10 区）

名簿	候補者名	所属政党		得票数	得票率
コンセルタシオン	サルディバル（A. Zaldívar）	キリスト教民主党（PDC）	当選	86,936	31.37%
コンセルタシオン	ガスムリ（J. Gazmuri）	社会党（PS）	−	67,957	24.52%
右派連合	コロマ（J. A. Coloma）	独立民主同盟（UDI）	当選	97,614	35.22%
右派連合	モリソン（R. Morrison）	国民革新（RN）	−	17,657	6.37%
左翼連合	ブラボ（M. Bravo）	人道主義党（PH）	−	6,986	2.52%
	計			277,150	100.00%

表 6-2c　政党間取引の事例（2005 年上院 8 区）

名簿	候補者名	所属政党		得票数	得票率
コンセルタシオン	アルベアル（S. Alvear）	キリスト教民主党（PDC）	当選	582,117	43.81%
コンセルタシオン	マルトネル（G. Martner）	社会党（PS）	−	75,513	5.68%
右派連合	ロンゲイラ（P. Longueira）	独立民主同盟（UDI）	当選	318,434	23.97%
右派連合	ペレス（L. Perez）	国民革新（RN）	−	261,663	19.69%
左翼連合	リエスコ（M. Riesco）	共産党（PS）	−	60,589	4.56%
左翼連合	オソリオ（E. Osorio）	人道主義党（PH）	−	30,338	2.28%
	計			1,328,654	100.00%

出典：選挙審査裁判所（TRICEL）公式発表に基づき筆者作成。

補者名簿作りを行う政党幹部の思惑に委ねられてしまっているのである。

5　少数派の排除に関する問題

　選挙の形骸化と並び，「二名制」には二大政治ブロックの枠外にある少数派が排除されてしまうという重大な問題がある[15]。特に際立っているのは，軍事

政権側との話し合いによる民主化を拒み続けてコンセルタシオンに加わらなかった共産党（PCCh: Partido Comunista de Chile）が20年間，議会外野党であり続けたことである。共産党が下院議員選で獲得した得票率は，1993年に4.99％，1997年に6.88％，2001年に5.22％，2005年に5.14％に達していた。しかしながら第3位の「名簿」が議席を得る可能性は著しく低く，共産党への投票はすべて死票となってきた。急進社会民主党が1997年以降の3回の選挙の得票率が4.05％，3.54％，3.80％でありながら，当選者数は4名，6名，7名であったこと（表6-1参照）とは際立った違いがある。

二大政治ブロックが「二名制」に安住して選挙制度改革が進まない中，共産党は2009年選挙で，はじめてコンセルタシオンと「名簿」を一本化することに踏み切った。一部の議員の相次ぐ離脱（後述）や2008年地方選挙での不振に悩むコンセルタシオンも，劣勢を挽回したいとの思惑から，共産党との選挙協力に積極的に動いた。コンセルタシオンは共産党に9つの出馬枠を譲り，この協力によって共産党は党首を含む3人の候補を当選させて36年ぶりに議会復帰を果たすことになった。

ただし，共産党は全選挙区に候補者を擁立していたそれ以前とは異なり，2009年選挙では候補者を9人に絞り込んだため，得票率を2005年選挙の5.14％から2.02％へと大きく減らした[16]。チリでは得票率5％もしくは当選者5名に満たない政党は解散させられることになっている。共産党は改めて党員の署名を集め，政党登録の手続きをする必要に迫られることにもなった。

---

15) 表6-1に示されている通り，二大政党以外から当選した候補者はわずかしかいない。まず1989年選挙では，左翼系の拡大左派社会主義党（Partido Amplio de Izquierda Socialista, PAIS）から2名，無所属で1名が当選した。この3名は軍政との対話路線に関する立場の違いから独自に民主化運動を展開していたが，コンセルタシオンとは協力関係にあり，いずれも新政権発足までにコンセルタシオンに加わった。次に1997年選挙では4名が二大政党以外から当選しているが，うち2名は中道中道同盟（Unión de Centro Centro, UCC）からの出馬である。UCCは民政移管選挙に出馬した第3の候補である企業家のエラスリス（Francisco Javier Errázuriz）が立ち上げた政党であり，1993年選挙においては右派連合の「名簿」に加わり，そこから2人が当選していたとの経緯がある。2005年選挙では，地域主義行動党（Partido de Acción Regionalista de Chile）から1名が当選した。ただしこの人物は2009年選挙では右派連合から出馬し，同じ選挙区で当選を果たしている。

16) たとえば2005年選挙では，共産党は60の選挙区に62名の候補者を擁立していた。

III　コンセルタシオンの不和と2009/10年選挙における敗北

1　コンセルタシオン内での不和の拡大

　合理的な政治リーダーであればだれでも，(「二名制」のもとでは) できるだけ広範な政党連合を築くことが最善の選択肢であることを熟知している [Valenzuela 2005: 54]。それにもかかわらずバチェレ政権期 (2006～2010年)，コンセルタシオンの各党では有力政治家を含む議員の離党や除名処分が相次ぎ，最終的にその数は下院で8人 (キリスト教民主党5，社会党2，PPD 1)，上院で4人 (キリスト教民主党1，社会党2，PPD 1) に達した。これはコンセルタシオンが上院 (定数38) に占める議席数を20から16へ，下院 (定数120) に占める議席数を65から57へといずれも過半数割れさせる重大な意味を持つものであった [浦部 2010]。

　これらの問題はいずれも，党内の路線対立や人的対立が背景にある。PPDで2007年1月に2人の議員が離党したのは，政府批判発言の責任を問われて除名処分された元党首 (元下院議員) に追随したためであった[17]。キリスト教民主党でも同年12月，派閥の領袖アドルフォ・サルディバル上院議員・元党首が政府提出の重要法案[18]に造反してこれを否決に追い込んだため除名処分となり，これに反発するサルディバル派の下院議員5人が翌年1月，一斉に離党して新興政党の独立地域主義党 (Partido Regionalista de los Independientes, PRI) に党籍を移した。社会党では，2009年大統領選挙における独自候補の擁立に手こずり最終的にキリスト教民主党のフレイを支持する方針に転じた党執行部に反発する形で，2008年11月と2009年1月に相次いで有力議員1人ずつが離党した。さらに，2009年6月にはマルコ・エンリケス＝オミナミ下院議員も養父であるカルロス・オミナミ上院議員を伴って党を離れ，大統領選に無所属で出馬してコンセルタシオンを追い詰める結果となった。

---

17)　この3人は同年5月，新政党の「第一チリ (Chile Primero)」を立ち上げ，同党は2009年の下院議員選挙では国民革新から9つの出馬枠を譲り受けて右派連合に候補者を擁立した。

18)　バチェレ政権はその年の2月，渋滞や大気汚染の緩和を目的とする新交通システム「トランサンティアゴ」を導入したものの，計画の甘さから市内交通全体が機能不全に陥って市民生活が大混乱したため，厳しい批判にさらされた (この時期に政権支持率が大きく低下したことについては図6-1を参照)。サルディバルが造反したのは，この新交通システムの立て直しのために予算措置を講ずる法案であった。

こうした有力者の離党問題は，チリの政党に共通する中央集権的な体質に潜む問題を浮き彫りにしているといえる。すでに述べた通り，党の執行部は候補者選定過程を通じて議員の生殺与奪を握っている。そのことは中央集権的な党運営から排除された議員の不満が鬱積することと表裏一体であり，一連の離党劇は政権長期化の中で党内に蓄積された歪みの大きさを表している。

2　2009/10年選挙でのコンセルタシオンの敗北

　2009/10年選挙におけるコンセルタシオンの「僅差の敗北」は，結局のところ，党派的な対立ばかりを強く印象づけてきた政権与党が無党派層を中心とする世論の離反を招き，政治の現状への飽きにうまく応えられなかったことにあった。過去20年間にわたる政権の実績を強調し社会政策の継続を訴える，政治的にはまっとうであるはずのフレイ候補の言説は，「元大統領」という本人の経歴も相まってかえって新鮮味を欠いた［Huneeus 2010］。それに対してコンセルタシオンやその幹部を強く批判するエンリケス＝オミナミは，変化を求める市民の心を巧みに捉え，これがピニェラ候補を利して右派連合に政権を明け渡す大きな要因となった［浦部：2010］。

　コンセルタシオンの亀裂は下院議員選挙にも及んでいる。表6-3の通り，コンセルタシオンは民政移管選挙では9選挙区において2議席独占を果たしていたが，その数は年とともに減り，2009年選挙では一つもなくなった。この選挙で「二名制」の厚い壁を打破して二大政治勢力以外から当選した5名の議員（表6-1）のうち，3名は新興政党である前述の独立地域主義党（PRI）からの当選者で，具体的には2名が前々回と前回の選挙ではキリスト教民主党から出馬していた再選議員，1名が社会党からの擁立で地方都市の市長を4期16年務めていた新人議員であった[19]。また下院第6，第18，第51区の3選挙区ではいずれも2005年選挙でコンセルタシオンが2議席独占を果たしていたが，ここで当選していたキリスト教民主党の3議員はサルディバル除名に反発して離

19）　2009年の下院議員選挙ではPRIを中心とする「清新なチリ（Chile Limpio）」，および左翼系の「チリのための新多数派（Nueva Mayoría para Chile）」という2つの「名簿」から計171名の候補者が擁立されたが，そのうちこの当選者3名を含む計40名が，かつてコンセルタシオンの党員であった［Libertad y Desarrollo 2009］。なお，コンセルタシオンは2013年選挙から名称を「新多数派（Nueva Mayoría）」に変更しているが，この2009年選挙の政党連合は異なる。

表6-3 下院議員選挙における2議席独占（選挙区数）

年	コンセルタシオン	右派連合	選挙区の総数
1989	9[*]	0	60
1993	11	1	60
1997	10	1	60
2001	4	1	60
2005	6	1	60
2009	0	1	60

注：1989年選挙で左翼系の名簿から出馬して当選を果たした2名が新政権発足までにコンセルタシオンに加わったとの経緯があるため，1989年のコンセルタシオンの2議席独占を11選挙区としている資料を目にすることは多いが，厳密な意味での2議席独占は9である．

党し，2009年にはPRIから鞍替えして出馬しており，それによる中道票の分裂のあおりでコンセルタシオンはこの3選挙区のすべてで1議席しか確保できなかった[20]．

IV 政治の市民からの乖離

1 政治不信の拡大

　与野党間の「駆け引き政治」の横行は，チリの政治を有権者から遠ざけている．2008年3月，右派連合は新会期の冒頭，コンセルタシオンの不和に付け入って，キリスト教民主党を除名されたサルディバルを上院議長に担ぐ奇策に出て数の力で当選させ，民政移管後はじめてコンセルタシオンから同議長職を奪った．また翌4月には，右派連合は教育省で発覚した不正問題に関する責任者への懲罰が甘いとの理由で教育相に対する罷免決議案を提出し，コンセルタシオン離反組の賛成をとりつけて罷免に追い込んだ．さらに2009年3月には下院でも，離党者の拡大によって過半数割れしたコンセルタシオンの混乱に乗じて，右派は50年ぶりに下院議長職を取り戻した．

　だが，真剣な議論をよそに繰り広げられるこうした政争こそ，政治に対する不信を市民の間に大きく広げることとなった．不信の眼差しは派閥抗争や路線対立を繰り返すコンセルタシオンのみならず，その敵失に乗じようとする野党

---

20) ただしこの3名（うち1名は上院への鞍替え出馬）はいずれも落選しており，二大政治ブロックからの離脱が議席を維持する上で非常に不利になることを改めて示した．

にも向けられている。教育相罷免の直後（2008年6月）に行われた世論調査では，「野党の仕事ぶりを支持するか否か」という問いに対して「不支持」と答えた人は53％にも上り（「支持」は19％），自身の政治信条を右派・中道右派と位置づける人々の間でさえ，「不支持」（45％）が「支持」（36％）を上回った［CEP 2008］。また別の世論調査（2008年4月）では，「政党は国会で法案の可決を促しているか阻んでいるか」との問いに対し，「促している」と答えた人が29％にすぎない一方，「阻んでいる」と答えた人は59％にも達した［CIEPLAN et al. 2008］。

2　有権者登録率の低下

表6-4は，チリの人口と有権者登録者数の推移を年齢別にまとめたものである（量が膨大になるため一部の年齢層を抜粋している）。若年層を中心に，有権者登録をする人の割合が減少の一途をたどってきたことが明瞭に読み取れる。1988年の国民投票や1989年の民主化選挙の際には，20歳代の人口の9割以上は有権者登録を行っていた。ところが2009年選挙の際には，同じ年齢層で投票権を行使しようとした人は3割にも満たない。

有権者登録をしない理由について，あらかじめ用意された10の選択肢から3つを選ぶという形式で行われた世論調査（2008年4月）によれば，過半数の人が「政治に関心がない」（59％）と答えている。第2位には「政治家が重要な問題に取り組まない」（41％）が，第3位には「政治家が誠実でない」「自分の投票では何も変わらない」（37％）が続いている（図6-2）。

市民の間で政治への関心は低下傾向にある。図6-3に示されている通り，第2次文民政権を選ぶ選挙（1993年12月）の時期は一つの転換点である。投票することへの関心の低下は，チリで民主主義体制が定着し，一定の政治的・経済的安定が確保されたことの反映と考えられなくもない。ただし図6-2にも示されている通り，有権者登録をしない理由には，政治への無関心や争点の不在といったこととともに政治への不信に関わることも多い。図6-4は，市民の間にある組織への信頼度を示した世論調査（2008年）である。国会と政党に対する信頼度が最も低くなっているのが注目される。

表 6-4 チリにおける人口と有権者登録者数の推移

年齢層	1985 年 人口	1988 年 信任投票	1989 年 大統領選挙 国会議員選挙	1990 年 人口	1993 年 大統領選挙 国会議員選挙	1995 年 人口	1997 年 国会議員選挙
20-24 歳	1,285,305	1,164,656	1,156,767	1,237,943	888,343	1,240,689	545,080
25-29 歳	1,118,991	1,103,113	1,146,589	1,268,512	1,178,338	1,242,813	974,566
30-34 歳	895,476	929,894	985,245	1,106,437	1,123,817	1,272,062	1,173,152
35-39 歳	752,259	751,718	796,677	883,498	950,705	1,107,665	1,078,269
55-59 歳	405,154	426,620	429,488	445,704	442,557	489,157	511,056
70-74 歳	193,451	197,604	204,243	221,466	230,586	252,131	268,014
総計 (全年齢)	12,102,174	7,435,913	7,557,537	13,178,782	8,085,439	14,394,940	8,069,624

年齢層	1999 年 大統領選挙	2000 年 人口	2001 年 国会議員選挙	2005 年 人口	2005 年 大統領選挙 国会議員選挙	2009 年 大統領選挙 国会議員選挙	2010 年 人口
20-24 歳	391,672	1,172,379	317,263	1,322,128	281,153	286,505	1,462,342
25-29 歳	828,497	1,242,260	678,626	1,171,107	428,977	388,555	1,320,741
30-34 歳	1,152,108	1,243,236	1,044,715	1,239,874	797,892	535,109	1,169,556
35-39 歳	1,136,414	1,269,543	1,164,379	1,239,003	1,122,960	874,893	1,236,191
55-59 歳	554,430	603,577	590,166	700,924	669,989	756,459	835,126
70-74 歳	301,473	305,395	334,234	348,283	341,824	367,867	389,319
総計 (全年齢)	8,084,476	15,397,784	8,075,446	16,267,278	8,220,897	8,285,186	17,094,270

■ 民政移管選挙時 (1989 年) に 20 歳だった人が含まれる層
■ クーデタ時 (1973 年) に 20 歳だった人が含まれる層

出典：選挙管理委員会 (SERVEL) および国家統計院 (INE) の資料に基づき著者作成。

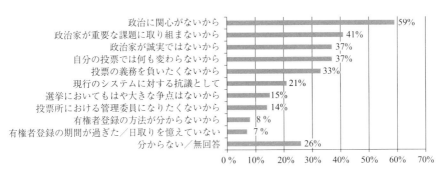

図 6-2 世論調査：有権者登録をしない理由（2008 年）

出典：CIEPLAN et al.［2008: 27］
注：有権者登録をしていない人を対象とした調査。合計 300 ％（1 人 3 つ選択）。
筆者注：投票所における管理委員は有権者の中から抽選で選ばれ，当選した者はそれを務める義務を負う。

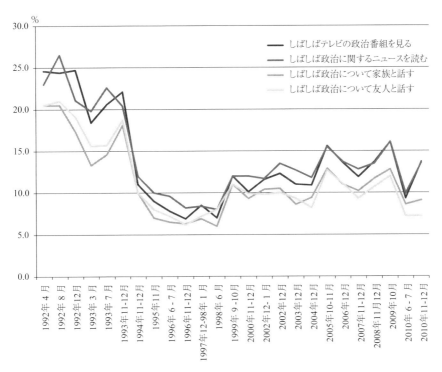

図 6-3 有権者の政治への関心の推移

出典：CEP 社世論調査各号に基づき筆者作成。

第 6 章　チリにおける政党システムの硬直化と政治不信　163

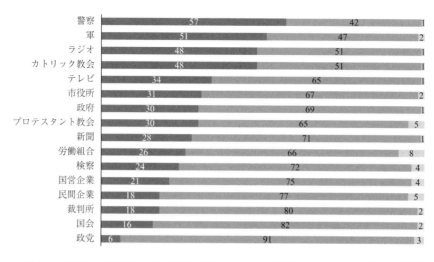

図6-4 世論調査：組織への信頼度（2008年）
出典：CIEPLAN et al. [2008: 12]

3　鬱積する大衆の不満

　第4次コンセルタシオン政権であるバチェレ政権が発足した直後の2006年5月，公共交通の学割パス使用制限問題を引き金とした高校生・大学生による抗議行動が発生し，これが教育問題全般に波及して，チリ史上最大といわれる大規模な学生運動に発展していった。学生服の色合いになぞらえて「ペンギン革命」と呼ばれるこの抗議活動には，教職員組合なども呼応し，高校や大学の授業が全土で停止されるとともに，街頭での抗議行動は警察の治安部隊との衝突を招いて市民生活を麻痺状態に陥れることになった[21]。

　チリではこうした市民による抗議行動が，教育問題のほか，都市交通システム，発電所建設計画などをめぐって頻発するようになっている。先にも触れた教育相更迭騒動などもあって世論の関心が教育問題に集まった2008年半ばには，大学生によるストや抗議活動が再び広がり，散発的ながら治安部隊との衝突で逮捕者が出る騒ぎにもなった。政権が右派のピニェラに移ってからも，南

21）これにより，バチェレ政権は発足4ヶ月にして内相や教育相らを交替させる内閣改造に追い込まれることとなっている。

部の水力発電計画への反対運動が 2011 年 5 月，1 万人規模の全国デモへと広がり，暴徒化した一部の市民が商店などを破壊して多数の逮捕者や負傷者を出す事態となった。そしてこの抗議行動は燻り続けていた教育問題にも飛び火し，6 月末には高校生や大学生，それに呼応する教師や労組による 10 万人規模のデモに膨れ上がった。

おわりに
―― 政治家を選ぶのはだれか

1 「1 票」による「当選者」

　学生デモ収束の見通しが立たない中[22]，ピニェラ大統領は 2011 年 7 月，教育相の交替を含む内閣改造に踏み切った。しかし，この時とられた方法は次の通りやや奇妙に映るものであった。すなわち，ピニェラ大統領が新官房長官，新経済相に登用したのは，UDI のアンドレス・チャドウィック，パブロ・ロンゲイラという，1990 年から議会で活動してきた 2 人の古参で大物の上院議員であった[23]。だがチリでは閣僚と議員は兼務できないため，両議員は議員辞職をする必要が生じた。そこでこの空席をどのように埋めるかが焦点になってくるが，チリでは補欠選挙を行う仕組みは存在しておらず，後任の議員については，辞職した議員の所属する政党が選出すると規定されているのである。

　UDI 執行部は，チャドウィックの後任にはアレハンドロ・ガルシア＝ウイドブロ下院議員を，ロンゲイラの後任にはこの内閣改造で閣外に去ったエナ・フォンバエル前官房長官を任命した。またガルシア＝ウイドブロの転出で空席となった下院議員職には，当該選挙区の所在する州の要職にあったイサ・コルトを任命した。要するに，議員がいわばたった「1 票」，すなわち党の執行

---

[22] ピニェラ大統領は教育基金の創設や奨学金の拡充などを柱とする改革案を提示したものの（7 月），財源の裏付けがないことなどを理由に学生側は拒否し，全国いくつかの公立の高校と大学における校舎の占拠や授業停止が収束するのには数ヶ月を要した。

[23] 政権運営のまずさに批判を強める UDI の要求を，国民革新出身のピニェラ大統領が受け入れた形でこの閣僚指名が実現したとの背景がある。

[24] なお，ピニェラ政権下ではこれに先立つ 2011 年 1 月の内閣改造の際にもアンドレス・アラマン（国民革新），エベリン・マテイ（UDI）の両上院議員が同職を辞職して入閣し，後任の議員が両党の執行部による指名によって就任している。

部の意思で「当選」する仕組みが存在しているのである[24]。ちなみにコルトは議員選に出馬した経験もなく，フォンバエル前官房長官に至っては，直近の2009年選挙で上院15区から出馬したものの右派連合内で第2位，全体では第3位の得票にとどまり落選[25]していた人物である。

　世論調査（2008年4月）によれば，各政党が候補者をどのように選出するべきであるかとの問いに対し，53％が「だれもが投票できる予備選挙」によるべきと，22％が「党員による予備選挙」によるべきと答えている。「党の幹部による選出」によるべきとする答えは8％にすぎない（その他に「わからない・無回答」が17％）。しかし，「選挙結果」は事実上，選挙民の意思によってではなく，政治リーダーがどう候補者名簿を作るかによって決まっている。そればかりか，空席となった議席を埋めるために指名される議員は，選挙の洗礼すら受ける必要はないのである。

2　投票制度の改革
── 自動有権者登録・自由投票制の実験

　政治に対する有権者の関心を回復することを目的に，チリでは2009年，投票義務制の抜本的な改革に道筋がつけられた。長年の議論の末，有権者自動登録・自由投票制を新たに設ける憲法の改正案が成立したのである（法律20,337号）。

　この制度改革をめぐっては，有権者自動登録制の採用による政治参加の拡大こそ民主主義を強化するとの見解と，自由投票制の導入により棄権率が高まることで選挙の正統性が低まるとの見解が対立してきた。憲法改正後も議論は尾を引き，制度の導入に必要な規則を定める関連法案が間に合わなかったため[26]，同年の大統領・国会議員選挙は従来の方式で行われた。しかしながら8

---

25)　2009年選挙でのフォンバエルの得票は56,578票（22.2％）にとどまって国民革新のホセ・ガルシアの57,260票（22.4％）にわずかながら及ばなかった。なお個人別での第1位はPPDから出馬したエウヘニオ・トゥマの74,207票（29.1％）であった。

26)　関連法案が成立しなかったことに関しては，コンセルタシオンの苦戦が予想されるなか，浮動票が野党に流れることをコンセルタシオン側が懸念したため法案の成立を急がなかったとの批判もあれば，当初は憲法改正法案に反対票を投じ（2009年1月），上下両院で施された修正案に最終的に棄権する（同年3月）とのUDIの行動に示されている通り，右派の側が有権者自動登録・自由投票制に後ろ向きであるとの批判もあった。

割近い若者が投票所に足を運ばない現実への危機感は広範に浸透し，関連法案が2011年12月に最終的に可決，翌2012年1月に公布された（法律第20,568号）。なおこれに先立ち，従来は12月の第2日曜日とされていた大統領・国会議員選挙，および1月第2日曜日とされていた大統領選挙決選投票の期日を11月の第3日曜日とその4週間後の日曜日に変更する法案も2011年6月に成立した（法律第20,515号）。選挙がチリの夏季休暇に影響されるのを避ける狙いがあり，投票率を向上させる努力が並行してなされているのは事実である。

しかしながら，より本質的な問題は「選挙の形骸化」が進んでいることであるといわなければならない。「二名制」のもと，政党システムが過剰に硬直化し，候補者の選出のみならず事実上の当選者の確定までが党の執行部の手中にあり，「駆け引き政治」が横行する中，議会に対する市民の失望と不満は大きく膨らんでいる。若者を中心に多くの人々が，投票を通してではなく，街頭で声を上げることで変化を促そうとする現象が繰り返されていることは，選挙と議会が持つべき政策選択の機能が蝕まれていることの端的な表れであるといえよう。

技術的な合意形成を追求する打算的な政治が人々へのアピール力を失っていくであろうとする，ガレトンとエスピノサが2000年に示した見方［Garretón and Espinoza 2000: 64］は的を射ていた。1990年代以降，政党が社会動員を行わなくなり，「コンセンサス政治」が若者や学生などのアクターによる政治への関与を排除してきたことは，最終的には社会対立を惹起することにつながった［Rose Kubal 2010: 119］。コンセルタシオンの内部，ならびにコンセルタシオンと右派勢力との間にコンセンサス形成への強い信念が存在していることは，コンセンサスが得られない時には政策の不在（policy inaction）と事態の悪化を作り出すことと一体であった［Vacs 2010: 220］。

結局のところ，「二名制」が生み出した「コンセンサス政治」とそれが蔓延らせた「駆け引き政治」が続く限り，市民が抱く政治への飽き，距離感，やり場のない鬱積は払拭されそうにない。「二名制」に安住し，これを都合のよい政治的道具として利用することを覚えた与野党双方の政党幹部や政治の有力者による政治的習慣や意思の問題も大きいが，本質的には，選挙制度を改革し，それを通じて選挙が持つべき政策選択の機能を回復することが重要である。

しかしながら，その道筋はなかなか見通せない[27]。まずは18歳以上のだれもが投票できる新しい自由投票制のもとで，だれが投票所に足を運び，また投

票率がいかなる水準に達するのか，そしてそれが民政移管後にチリに培われてきた政党政治の性向にいかなるインパクトを与えるのか（もしくは与えないのか）を見極める必要がありそうである。

［付記］

　本稿脱稿後，チリでは2013年11月に大統領・国会議員選挙が行われ（大統領選挙については決選投票を12月にも実施），国政選挙においてはじめて有権者自動登録・自由投票制が適用された。これにより有権者数は約530万人増えたものの，投票者数は大統領選の第1回投票で669万9011，決選投票で569万7751にとどまり，棄権率はそれぞれ50.6％，58.0％にも達した。2009/10年大統領選挙での投票者総数は第1回投票で722万1888，決選投票で718万6344であったので，投票者は第1回投票では7.2％，決選投票では20.7％も減った計算になる。

　他方，2012年10月，大統領選挙，上下両院議員選挙，地方選挙に予備選挙制度を設ける新法が可決された（法律第20,640号）。それに基づき2013年6月，各政党連合内の統一候補を選出するための予備選挙が実施され，新多数派（Nueva Mayoría）（コンセルタシオンから名称を変更）と右派連合を合わせて約300万人にも達する投票者を得たとの事実もある。有権者の政治的関心を喚起する試みが一定の効果をあげているとの見方もできないわけではない。こうした点については今後，改めて分析してみる必要がある。

　大統領選の決選投票では新多数派のバチェレが勝利し，大統領に返り咲いた。バチェレは大学教育の無償化や「二名制」の改革を公約の中に掲げている。その行方についても注視していく必要がある。

27）　2012年1月，右派連合の国民革新とコンセルタシオンのキリスト教民主党の有力議員らが，両党の党首同席のもと，「チリの新しい政治体制」と題する提言を発表し，その中で「二名制」の改革の必要性についても言及した。しかし，この提言に対しては与野党双方から強い反対の声が上がり，とりわけ与党連合内での国民革新とUDIの亀裂は深まっている。なお，この提言は全4頁に及ぶが，選挙制度に関する記述は7行にとどまり，新たな制度案を提示しているわけでもない（http://static.latercera.com/20120118/1452609.pdf，2012年5月20日最終閲覧）。

参考文献

序章

Acemoglu, Daron and James Robinson [2012] *Why Nations Fail: The Origins of Power, Prosperity, and Poverty*. New York: Crown Publishers.
Aziz Nassif, Alberto [2013] "Tipos del presidencialismo: México, Brasil y Argentina." En: Murakami, Yusuke (ed.), *América Latina en la era posneoliberal: democracia, conflictos y desigualdad*. Lima: Institito de Estudios Peruanos, pp. 65-86.
Cameron, Maxwell A. and Eric Hershberg (eds.) [2010] *Latin America's Left Turns: Politics & Trajectories of Change*. London: Lynne Rienner publishers.
Castañeda, Jorge and Marco A. Morales (eds.) [2008] *Leftovers: Tales of Latin American Left*. New York: Routledge.
Flores-Marcías, Gustavo [2012] *After Neoliberalism?: The Left and Economic Reforms in Latin America*. New York: Oxford University Press.
Levitsky, Steven and Kenneth M. Roberts (eds.) [2011] *The Resurgence of the Latin American Left*. Baltimore: John Hopkins University Press.
Lijphart, Arend [1999] *Patterno of Democracy: Goverment Forms and Performance in Thirty-Six Countries*. New Haven: Yale University Press.
Mainwaring, Scott and Timothy R. Scully [1995] "Introduction: Party Systems in Latin America." In: Scott Mainwaring and Timothy R. Scully (eds.) *Building Democratic Institutions: Party Systems in Latin America*. Stanford: Stanford University Press, pp. 1-34.
Murakami, Yusuke [2013] "Neoliberalismo, Sistema de partidos políticos y 'giro a la izquierda': dinámica política en la América Latina posneoliberal." En: Yusuke Murakami (ed.) *América Latina en la era posneoliberal: democracia, conflictos y desigualdad*. Lima: Institito de Estudios Peruanos, pp. 9-61.
Takahashi, Yuriko [2008] "The Political Economy of Poverty Alleviation: Democracy; Accountability; and Depoliticization of Targeted Spending in Mexico." (Ph.D. Dissertation, Department of Government, Cornell University).
Weyland, Kurt, Raúl L. Madrid and Wendy Hunter (eds.) [2010] *Leftist Governments in Latin America: Successes and Shortcomings*. New York: Cambridge University Press.
飯尾潤 [2007]『日本の統治構造―官僚内閣制から議院内閣制へ』中央公論新社.
猪木武徳 [2009]『戦後世界経済史―自由と平等の視点から』中央公論新社.
上谷直哉 [2013]「新自由主義の功罪と『左傾化』―背景と実際」村上勇介・仙石学編『ネオリベラリズムの実践現場―中東欧・ロシアとラテンアメリカ』京都大学学術出版会, 233-271頁.
遅野井茂雄 [2008]「ボリビア・モラレス政権の『民主的革命』―先住民, 社会運動, 民族主義」遅野井茂雄・宇佐見耕一編『21世紀ラテンアメリカの左派政権―虚像と実像』

日本貿易振興機構アジア経済研究所，69-103 頁．
遅野井茂雄［2010］「『ボリビア多民族国』への始動―新憲法下の選挙とモラレス政権の課題」『ラテンアメリカ・レポート』27(1)：4-13．
遅野井茂雄・宇佐見耕一編［2008］『21 世紀ラテンアメリカの左派政権―虚像と実像』日本貿易振興機構アジア経済研究所．
クランチ，コリン［2007］『ポスト・デモクラシー―格差拡大の政策を生む政治構造』青灯社．
シュレジンジャー Jr., アーサー［1988］『アメリカ史のサイクル I ―外交問題と国益』パーソナルメディア．
堀坂浩太郎［2012］『ブラジル―跳躍の軌跡』岩波書店．
村上勇介［2013］「ネオリベラリズムと政党政治―ラテンアメリカの政治変動」村上勇介・仙石学編『ネオリベラリズムの実践現場―中東欧・ロシアとラテンアメリカ』京都大学学術出版会，199-231 頁．
山岡加奈子編［2012］『岐路に立つキューバ』岩波書店．

第 1 章

Alcántara Sáez, Manuel y Patricia Marenghi［2007］"Los partidos étnicos de América del Sur: algunos factores que explican su rendimiento electoral". En: Salvador Martí i Puig（ed.）*Pueblos indígenas y política en América Latina: El reconocimiento de sus derechos y el impacto de sus demandas a inicios del siglo XXI*. Barcelona: CIDOB.

Andrade A., Pablo［2009］*La era neoliberal y el proyecto republicano: La recreación del Estado en el Ecuador contemporáneo: 1992-2006*, Quito: Universidad Andina Simón Bolívar, Corporación Editora Nacional.

Barrera, Augusto（coordi.）［2004］*Entre la utopía y el desencanto: Pachakutik en el gobierno de Gutiérrez*. Quito: Planeta.

Barrera, Augusto（2008）"Dinámicas socio-políticas en la construcción de Alianza País". En: Franklin Ramírez Gallegos（ed.）*La innovación partidista de las izquierdas en América Latina*. Quito: ILDIS, FES.

Becker, Marc［2011］*¡Pachakutik!: Indigenous Movements and Electoral Politics in Ecuador*. Plymouth, UK.: Rowman & Littlefield Publishers, Inc.

Becker, Marc［2012］"Social movements and the government of Rafael Correa: confrontation or cooptation?" In: Gary Prevost, Carlos Oliva Campos, and Harry E. Vanden（eds.）*Social Movements and Leftist Governments in Latin America: Confrontation or Co-optation?* New York: Zed Books.

Carvajal A., Miguel［2004］"Pachakutik: la efímera experiencia de gobierno y las incógnitas sobre su futuro", *ICONOS*（FLACSO-Ecuador）Núm.18.

Collins, Jennifer［2004］"Linking Movement and Electoral Politics: Ecuador's Indigenous Movement and the Rise of Pachakutik". In: Jo-Marie Burt and Philip Mauceri（eds.）*Politics in the Andes: Identity, Conflict, Reform*. Pittsburgh: University of Pittsburgh Press.

Conaghan, Catherine［2008］"Ecuador: Correa's Plebiscitary Presidency". *Journal of Democracy*, 19

(2) : 46-60.
Cordero, Sofía [2008] "Mas y Pachakutik: la lucha por la inclusión política en Bolivia y Ecuador", Tesis de maestría. Quito: FLACSO-Ecuador.
Czarnecki, Lukasz y Mayra Sáenz [2014] "México y Ecuador en la era del post y pleno neoliberalismo: ruptura y continuidad". *El Cotidiano*, 183, enero-febrero.
De la Torre, Carlos [2010] "El gobierno de Rafael Correa: posneoliberalismo, confrontación con los movimientos sociales y democracia plebiscitaria". *Temas y Debates*, Vol.20.
Freidenberg, Flavia y Manuel Alcántara S. [2001] *Los dueños del poder: los partidos políticos en Ecuador (1978-2000)*. Quito: FLACSO-Ecuador.
Harnecker, Marta [2011] *Ecuador: una nueva izquierda en busca de la vida en plenitud*. Quito: Abya-Yala.
Larrea, Gustavo [2008] "Alianza País: una apuesta política novedosa." En: Franklin Ramírez Gallegos (ed.) *La innovación partidista de las izquierdas en América Latina*. Quito: ILDIS, FES.
León Trujillo, Jorge [2010] "Las organizaciones indígenas y el gobierno de Rafael Correa", *ICONOS* (FLACSO-Ecuador), Núm.37.
Lucas, Kintto (2003) *Movimiento indígena y las acrobacias del coronel*. Quito: Fundación Editorial La Pluga.
Martínez Abarca, Mateo [2011] *El cascabel del gatopardo: La revolución ciudadana y su relación con el movimiento indígena*. Quito: FLACSO, Abya-Yala.
Mejía Acosta, Andrés [2004] "Ghost Coalitions: Economic Reforms, Fragmented Legistratures and Informal Institutions in Ecuador (1979-2002)". Ph. D. dissertation, University of Notre Dame.
Mijeski, Kenneth J. and Scott H. Beck [2011] *Pachakutik and the Rise and Decline of the Ecuadorian Indigenous Movement*. Ohio: Ohio University Press.
Minteguiaga, Analía [2012] "Política y políticas sociales en el Ecuador reciente: Dificultades asociadas a la salida del ciclo neoliberal". *Revista Ciencias Sociales*, 135-136, No.Especial.
Oña Gudiño, Fausto Dimitri [2010] "Paradojas y desencantos del movimiento indígena en el sistema político ecuatoriano: el caso de movimiento Pachakutik", Tesis de maestría. Quito: FLACSO-Ecuador.
Ospina, Pablo [2009ª] "Nos vino un huracán político: la crisis de la CONAIE". En: Pablo Ospina Peralta, Olaf Kaltmeier y Christian Büschges (eds.) *Los Andes en movimiento. Identidad y poder en el nuevo paisaje político*. Quito: Universidad Andina Simón Bolívar, Corporación Editora Nacional, Universidad de Bielefeld.
Ospina, Pablo [2009b] "Historia de un desencuentro: Rafael Correa y los movimientos sociales en el Ecuador (2007-2008)." En: Raphael Hoetmer (coordi.) *Repensar la política desde América Latina: Cultura, Estado y movimientos sociales*. Lima: Programa Democracia y Transformación Global, Universidad Nacional Mayor de San Marcos.
Pachano, Simón [2006] "Ecuador: The Provincialization of Representation". In: Scott Mainwaring, Ana María Bejarano and Eduardo Pizarro Leongómez (eds.) *The Crisis of Democratic Representation in the Andes*. Stanford: Stanford University Press.
Ramírez Gallegos, Franklin [2009] "El movimiento indígena y la reconstrucción de la izquierda en Ecuador: el caso del Movimiento de Unidad Plurinacional Pachakutik-Nuevo País (PK)." En:

Pablo Ospina Peralta, Olaf Kaltmeier y Christian Büschges (eds.) *Los Andes en movimiento. Identidad y poder en el nuevo paisaje político*. Quito: Universidad Andina Simón Bolívar, Corporación Editora Nacional, Universidad de Bielefeld.

Sánchez, Francisco [2008] *¿Democracia no lograda o democracia malograda?: un análisis del sistema político del Ecuador: 1979-2002*. Quito: FLACSO-Ecuador.

Sánchez, Francisco y Flavia Freidenberg [1998] "El proceso de incorporación política de los sectores indígenas en el Ecuador. Pachakutik: un caso de estudio", *América Latina Hoy* 19 Salamanca: Instituto de Estudios de Iberoamérica y Portugal.

Van Cott, Donna Lee [2005] *From Movements to Parties in Latin America: The Evolution of Ethnic Politics*. New York: Cambridge University Press.

Van Cott, Donna Lee [2008] *Radical Democracy in the Andes*. New York: Cambridge University Press.

新木秀和［2009］「エクアドルの政治変動と社会運動―政変の比較分析から」村上勇介・遅野井茂雄編『現代アンデス諸国の政治変動―ガバナビリティの模索』明石書店.

新木秀和［2014］『先住民運動と多民族国家―エクアドルの事例研究を中心に』御茶の水書房

上谷直克［2008］「『分割政府』から『委任型民主主義』に向かうエクアドル・コレア政権」遅野井茂雄・宇佐見耕一編『21世紀ラテンアメリカの左派政権：虚像と実像』アジ研選書14, アジア経済研究所.

上谷直克［2008］「「委任型民主主義」が深化するエクアドル・第2次コレア政権」『ラテンアメリカ・レポート』26(2): 3-14.

上谷直克［2010］「政党政治を乗り越える？―ラテンアメリカにおける「社会運動」の政治的潜在力とその限界」佐藤章編『新興民主主義国における政党の動態と変容』研究双書No.584, アジア経済研究所.

上谷直克［2013］「新自由主義の功罪と「左傾化」―背景と実際」村上勇介・仙石学編『ネオリベラリズムの実践現場―中東欧・ロシアとラテンアメリカ』京都大学学術出版会.

宮地隆廣［2014］『解釈する民族運動―構成主義によるボリビアとエクアドルの比較分析』東京大学出版会.

村上勇介［2009］「中央アンデス三カ国の政党―制度化の視点からの比較研究」村上勇介・遅野井茂雄編『現代アンデス諸国の政治変動―ガバナビリティの模索』明石書店.

村上勇介［2013］「ネオリベラリズムと政党―ラテンアメリカの政治変動」村上勇介・仙石学編『ネオリベラリズムの実践現場―中東欧・ロシアとラテンアメリカ』京都大学学術出版会.

第 2 章

Aguilera, Mario [2013] "Un pacto parcial de Paz. la negociación con el M-19, el EPL, el Quintin Lame y el PRT (1990-1991)." En: Regalado, Roberto (ed.) *Insurgencias, diálogos v negociaciones: Centroamérica, Chiapas y Colombia*. Bogotá, D.C.: Ocean Sur, pp.125-157.

Cárdenas, Mauricio S. [2009] *Introducción a la economia colombiana*, 2ª. edición. Bogotá D.C.: Alfaomega Colombiana S. A.

Cruz, Jason Ruben Gongora [2011] *El Frente Nacional en Colombia y su relación con el desarrollo empresarial* (trabajo de grado), Bogotá, D.C.: Universidad Colegio Mayor de Nuestra Señora del Rosario (http://repository.urosario.edu.co/bitstream/handle/10336/2595/1011716038-2011.pdf?sequence=3, 2015 年 1 月 8 日閲覧).

El Tiempo, 13 de junio de 2005 (Gobierno busca alinear lenguaje diplomático).

El Tiempo, 7 de septiembre de 2005 (Uribe aceptaría conflicto armado).

El Tiempo, 10 de mayo de 2014 (Óscar Iván Zuluaga aceptó haberse reunido con el 'hacker' Sepúlveda).

García Durán, Mauricio [1992] *De la Uribe a Tlaxcala: procesos de paz*. Bogotá, D.C.: Cinep.

Gaviria, José Obdulio Vélez [2005] *Sofismas del terrorismo en Colombia*. Bogotá, D.C.: Planeta.

Giraldo, Fernando [2003] *Sistema de partidos poíticos en Colombia*. Bogotá, D.C.: Centro Editorial Javeriano CEJA.

Pax Christy [2006] *Un nuevo comienzo un final abierto'la reinserción de los combatientes desmovilizados individualmente en Colombia*. Holanda: Pax Crhisti.

Restrepo, Luis Carlos [2005] Redefinir el delito político. *El Tiempo*, 27 de marzo de 2005.

Semana [2005] Sí hay guerra. *Señor Presidente*, no.1188, pp.24-28.

Valencia, León y Juan Carlos Celis Ospina [2012] *Sindicalismo asesinado-reveladora investigación sobre la guerra contra los sindicalistas colombianos*. Bogotá, D.C.: Editorial Debate.

伊高浩昭 [2003]『コロンビア内戦』論創社.

鈴木康久 [2010]「コロンビアにおける非合法武装戦力との紛争により生じた被害者に対する補償問題」『ラテンアメリカ・レポート』27(1): 68-78.

千代勇一 [2006]「コロンビアにおける右派ウリベ大統領の再選と左派勢力の伸張」,『ラテンアメリカ時報』第 1375 号, 18-22 頁.

千代勇一 [2011]「コロンビア革命軍 (FARC) の弱体化と和平の行方」『ラテンアメリカ時報』第 1393 号, 27-32 頁.

デ・ルー, フランシスコ [1999]「コロンビア:その社会・経済・政治的変化と障壁」『変動するラテンアメリカ社会:「失われた 10 年」を再考する』彩流社, 111-141 頁.

幡谷則子 [2006]「コロンビア—第 2 期ウリベ政権の課題」『ラテンアメリカ・レポート』23(2): 10-18.

菱山聡 [2011]「サントス政権の政治・経済・外交」『ラテンアメリカ時報』第 1394 号, 32-35 頁.

二村久則 [2009]「集中と拡散のスパイラル—コロンビアの政治変動と政党システム」村上勇介・遅野井茂雄 (編)『現代アンデス諸国の政治変動』明石書店.

第 3 章

Alayza, Alejandra, Epifanio Baca, Eduardo Ballón et al. [2007] *Perú hoy: un año sin rumbo*. Lima: Centro de Estudios y Promoción del Desarrollo (DESCO).

Alfaro, Santiago, Enrique Amayo Z., Eduardo Ballón E. et al. [2011] *Perú hoy: el quinquenio perdido, crecimiento con exclusión*. Lima: DESCO.

Amayo Z., Enrique, Inés Arias, Eduardo Ballón E. et al. [2010] *Perú hoy: desarrollo, democracia y otras fantasías*. Lima: DESCO.

Amayo, Enrique, Eduardo Ballón E., Humberto Campodónico et al. [2009] *Perú hoy: del hortelano su perro, sin espacio ni tiempo histórico*. Lima: DESCO.

APOYO (APOYO Opinión y Mercado S.A.) [1990-2005] *Informe de opinión*. Lima: Apoyo Opinión y Mercado S.A. (月刊)

Azpur, Javier, Rosa Pizarro, Luis Sirumbal et al. [2004] *Perú hoy: los mil días de Toledo*. Lima: DESCO.

Ballón, Eduardo, Carlos Soria, Gustavo Riofrío et al. [2002] *Perú hoy: Toledo, a un año de gobierno*. Lima: DESCO.

BCRP (Banco Central de Reserva del Perú) [2012] "Cuadros anuales históricos." Disponible en: (http://www.bcrp.gob.pe/estadisticas/cuadros-anuales-historicos.html, Consultado 26/II/2012).

CEPAL (Comisión Económica para América Latina y el Caribe) [2011] *Panorama social de América Latina 2011*. Santiago: CEPAL. Disponible en: (http://www.eclac.org/publicaciones/xml/1/45171/PSE2011-Panorama-Social-de-America-Latina.pdf, Consultado 28/VI/2012).

Cotler, Julio [1978] *Clases, Estado y nación en el Perú*. Perú Problema 17. Lima: Instituto de Estudios Peruanos (IEP).

Defensoría (Defensoría del Pueblo) [2006-2011] *Reporte (Reporte de conflictos sociales)*. Lima: Defensoría del Pueblo, no. 23-89 (publicación mensual).

García, Alan [2007a] "El síndrome del perro del hortelano." *El comercio*, 28/X/2007.

García, Alan [2007b] "receta para acabar con el Perro dle hortelano." *El comercio*, 25/XI/2007.

García, Alan [2008a] "El perro del hortelano contra el pobre." *El comcercio*, 2/Ⅲ/2008.

García, Alan [2008b] *La revolución constructiva del aprismo: teoría y práctica de la modernidad*. Lima: s.e. [los símbolos de @ son originales]

Gonzalez de Olarte, Efraín y Lilian Samamé [1991] *El péndulo peruano: políticas económicas, gobernabilidad y subdesarrollo, 1963-1990*. Lima: Instituto de Estudios Peruanos y Consorcio de Investigación Económica.

Grompone, Romeo [2005] *La escisión inevitable: partidos y movimientos en el Perú actual*. Ideología y política 26, Lima: IEP.

Grompone, Romeo, y Martín Tanaka (eds.) [2009] *Entre el crecimiento económico y la insatisfacción social: las protestas sociales en el Perú actual*. Lima: Instituto de Estudios Peruanos.

Ipsos (Ipsos APOYO Opinión y Mercado S.A.) [2005-2011] *Informe de opinión data*. Lima: Ipsos APOYO Opinión y Mercado S.A. (publicación mensual)

Meléndez, Carlos (eds.) [2011] *Anti-candidatos: guía analítica para unas elecciones sin partidos*. Ruido político 2, Lima: Aerolíneas Editoriales S.A.C.

Murakami, Yusuke [2007] *Perú en la era del Chino: la política no institucionalizada y el pueblo en busca de un salvador*. Lima: Instituto de Estudios Peruanos y Center for Integrated Area Studies, Kyoto University.

Pedraglio, Santiago, Carlos Reyna, Rosa Pizarro et al. [2005] *Perú hoy: un país en jaque, la gobernabilidad en cuestión*. Lima: DESCO.

Schuldt, Jürgen [2004] *Bonanza macroeconómica y malestar microeconómica: apuntes*. Lima: Centro de Investigación de la Universidad del Pacífico.

St John, Ronald Bruce［2010］*Toledo's Peru: Vision and Reality*. Gainesville, Florida: University Press of Florida.

Tanaka, Martín［1998］*Los espejismos de la democracia: el colapso del sistema de partidos en el Perú, 1980-1995, en perspectiva comparada*. Ideología y política 9, Lima: IEP.

Tanaka, Martín［2005］*Democracia sin partidos, Perú 2000-2005: los problemas de representación y las propuestas de reforma política*. Colección mínima 57, Lima: IEP.

Taylor, Lewis［2007］"Politicians without Parties and Parties without Politicians: The Foibiles of the Peruvian Political Class, 2000-2006." *Bulliten of Latin American Research*, 28(1): 1-23.

Toche, Eduardo, Eduardo Ballón, Javier Azpur et al.［2003］*Perú hoy: la economía bajo presión de la democracia*. Lima: DESCO.

Toche, Eduardo（ed.）［2008］*Perú hoy: por aquí compañeros, aprismo y neoliberalismo*. Lima: DESCO.

Toche, Eduardo, y Martín Paredes（eds.）［2006］*Perú hoy: democracia inconclusa, transición y crecimiento*. Lima: DESCO.

Vergara, Alberto［2007］*Ni amnésicos ni irracionales: las elecciones peruanas de 2006 en perspectiva histórica*. Lima: Solar.

Webb, Richard, y Graciela Fernández Baca（eds.）［2009］*Perú en números 2009*. Lima: Instituto Cuánto.

Webb, Richard, y Graciela Fernández Baca（eds.）［2010］*Perú en números 2010*. Lima: Instituto Cuánto.

遅野井茂雄［2009］「ポスト新自由主義の開発政治の収斂と分岐―中央アンデス諸国」村上勇介・遅野井茂雄編『現代アンデス諸国の政治変動―ガバナビリディの模索』明石書店.

清水達也［2009］「成長を最優先するペルー・ガルシア政権」遅野井茂雄・宇佐美耕一編『21世紀ラテンアメリカの左派政権―虚像と実像』日本貿易振興機構アジア経済研究所.

村上勇介［2004］『フジモリ時代のペルー―救世主を求める人々，制度化しない政治』平凡社.

村上勇介［2009a］「フジモリ後のペルー政治―小党分裂化と進まない制度化」村上勇介・遅野井茂雄編『現代アンデス諸国の政治変動―ガバナビリディの模索』明石書店.

村上勇介［2009b］「折り返し点を通過したペルーの第2期ガルシア政権」『ラテンアメリカ時報』第1386号，26-31頁.

第4章

Cardoso, Fernando Henrique［2006］*Cartas a um jovem político: para construir um país melhor*. Rio de Janeiro: Elsevier.

DVD［1993］*Muito além do cidadão Kane: um documentário sobre a formação do império televisivo de Roberto Marinho*. Channel Forur.

Fausto, Boris［2000］*História do Brasil*. 8a.edição, São Paulo: Editora da Universidade de São Paulo.

Ferreira, Marieta de Moraes y Foetes Alexandre（eds.）［2008］*Muitos caminhos, uma estrela:*

memórias de militantes do PT. Volume 1, São Paulo: Editora Fundação Perseu Abramo.
Flora, Fernando A. Mourā [2009] *Lula e o PT: da esperança ao feijão-com-arroz & outros escritos*. Série Ideias & Debates1, Brasília: Thesaurus.
Fundação Perseu Abramo [2006] *Pela democracia, contra o arbítrio: a oposição democrática, do golpe de 1964 à campanha das Diretas Já*. São Paulo: Editora Fundação Perseu Abramo.
Fundação Perseu Abramo [2007] *Perseu: história e política*. Vol. 1, n. 1. São Paulo: Editora Fundação Perseu Abramo. Dossiê: primeiros passos do PT.
Kucinski, Bernardo [1998] *A síndrome da antena parabólica: Ética no jornalismo brasileiro*. 3ª reimpressão. São Paulo: Editora Fundação Perseu Abramo.
Kucinski, Bernardo [2000] *As Cartas Ácidas da Campanha de Lula de 1998*. São Paulo: Ateliê Editorial.
Nohlen, Deiter (ed.) [2005] *Elections in the Americas: A Data Handbook, Vol. 2, South America*. New York: Oxford University Press.
Partido dos Trabalhadores, Porto Alegra [2004] "O que é o Partido dos Trabalhadores" (http://www.ptpoa.com.br/oque.htm, 2004 年 9 月 15 日閲覧).
Singer, Andre Vitor [2012] *Os sentidos do lulismo: re forma gradual e pacto conservador*, São Paulo: Companhia das Letras.
Skidmore, Thomas E. [1988] *The Politics of Military Rule in Brazil 1964-85*. New York: Oxford University Press.
Weyland, Kurt [2005] "The Gorwing Sustainability of Brazil's Low-Quality Democracy." In Frances Hagopian and Scott P. Mainwaring (eds.) *The Third Wave of Democratization in Latin America: Advances and Setbacks*. New York: Cambridge University Press, pp.90-120.
カルドーゾ，エンリケ，エンソ・ファレット [2012 (1969)]『ラテンアメリカにおける従属と発展―グローバリゼーションの歴史社会学』東京外国語大学出版会.
近田亮平 [2008]「ブラジルのルーラ労働者党政権―経験と交渉調整型政治にもとづく穏健化」遅野井茂雄・宇佐見耕一編『21世紀ラテンアメリカの左派政権―虚像と実像』日本貿易振興機構アジア経済研究所，207-237 頁.
近田亮平編 [2013]『躍動するブラジル―新しい変容と挑戦』日本貿易振興機構アジア経済研究所.
鈴木茂 [2004]「ブラジルの社会運動と民主化―労働者党（PT）の結成をめぐって」松下洋・乗浩子編『ラテンアメリカ―政治と社会』新評論，111-128 頁.
住田育法 [2000]「新共和制時代の大統領」金七紀男・住田育法・高橋都彦・富野幹雄『ブラジル研究入門』晃洋書房.
住田育法 [2002]「文民大統領の足跡」富野幹雄・住田育法編『ブラジル学を学ぶ人のために』世界思想社.
浜口伸明 [2013]「ブラジルの新自由主義―『幸福な自由化』はなぜ可能だったか」村上勇介・仙石学編『ネオリベラリズムの実践現場―中東欧・ロシアとラテンアメリカ』京都大学学術出版会.
ファウスト，ボリス [2008]『ブラジル史』（鈴木茂訳，世界歴史叢書）明石書店.
堀坂浩太郎編 [2004]『ブラジル新時代―変革の軌跡と労働党政権の挑戦』勁草書房.
堀坂浩太郎 [2011]「民主化四半世紀のブラジル―政治，経済，外交に見る変革」『海外事

情』5 月号,92-106 頁.
堀坂浩太郎［2012］『ブラジル―跳躍の軌跡』岩波書店.

第 5 章

Aguilar, Ricardo Petrissans［1993］*Serie Estabilizacion y reforma estractural: El Caso Urugayo*, CIEDLA.

Arce, Gustavo y Daniela Guerra［2007］*El Uruguay en el Primer lustro del siglo XXI*, Fundación de Cultura Universitaria.

Astori, Danilo［1996］La Politica economica de la dictadura, En: Danilo Astori y Gerardo Caetano et al., *El uruguray de la dictadura（1973-1985）*, Ediciones de la Banda Oriental.

Buchanan, Paul G.［2008］Preauthoritarian Institutions and Postauthoritarian Outcomes: Labor Politics in Chile and Uruguay, *Latin American Politics and Society*, 50(1): 59-89.

Bucheli, Marisa and Magdalena Furtado［2005］Uruguay 1998-2002: income distribution during the crisis, *CEPAL Review*, 86: 161-175.

Caetano, Gerardo et al.［2005］*20 años de democracia*, Ediciones Santillana, S. A.

Chavez, Daniel［2008］Uruguay,The Left Government: between continuity and change, In: Patrick Barrett, Daniel Chavez and César Rodríguez-Garavito（ed.）*The New Latin American Left: Utopia Reborn*, Pluto Press.

CIFRA 社　http://www.cfra.com.uy/

CINVE［2007］*Para entender la economía del uruguay*, Fundación de Cultura Universitaria.

Demasi, Calros y Alvaro Rico et al.［2001］*La Caída de la Democracia: cronocogía comparada de la historia reciente del Uruguay（1967-1973）*, Fundación de Cultura Universitaria.

Kaztman, Rubén and Alejandro Retamoso［2005］Spatial segregation,employment and poverty in Montevideo, *CEPAL Review*, 85: 125-141.

Kaztman, Rubén and Alejandro Retamoso［2007］Effects of urban segregation on education in Montevideo, *CEPAL Review*, 91: 133-153.

Lanzaro, Jorge［2011］Uruguay: A Social Democratic Government in Latin America, In: Steven Levitsky and Kenneth M. Roberts（ed.）*The Resurgence of the Latin American Left*, The Johns Hopkins Univ. Press.

Luna, Juan Pablo［2007］Frente Amplio and the Crafting of a Social Democratic Alternative in Uruguay, *Latin American Politics & Society*, 49(4): 1-30.

Notaro, Jorge［1984］La escenografia economica del drama politico,Uruguay hacia marzo de 1985, En: Gillespie, Charles y Luis Goodman et al., *Uruguay y la democracia Tomo 1*, Ediciones de la Banda Oriental.

Panizza, Francisco［2004］"A Reform without Losers: The symboric Economy of Civil Service Reform in Uruguay 1995-1996", *Latin American Politics and Society*, 46(3): 1-28.

Panizza, Francisco［2008］"Economic Constraints and Strategic Choices: The Case of the Frente Amplio of Uruguay's First Year in Office, *Bulletin Latin American Reseach*, 27(2): 176-196.

Santos, Carlos［2006］la privatización del sevicio público de agua en uruguay, en Santos, Carlos, Verónica Iglesias et al., *Aguas en movimiento*, Ediciones de la Canilla, 85-100.

Santos, Carlos y Verónica Iglesias［2006］Una historia de CNDAV, en Santos, Carlos, Verónica Iglesias et al., *Aguas en movimiento*, Ediciones de la Canilla, 121-152.

Valdomir, Sebastián［2006］Rupturas y continuidades el prebisito del agua en la perseptiva de los procesos 1989-2003, en Santos, Carlos, Verónica Iglesias et al., *Aguas en movimiento*, Ediciones de la Canilla, 155-186.

Vigorito, Andrea［2006］Poverty and Economic Crisis: Recent Evidence from Uruguay. *Nordic Journal of Latin American and Carribian Studies*, 36: 9-39.

Waksman, Gullermo［1993］Uruguay. La gran derrota de Lacalle, *Nueva Sociedad*, 12: 17-21.

Washington, Reyes Abadie y Tabaré Melogno［2001］*Crónica general del Uruguay 7: el sigloXX Tomo 2*, Ediciones de la Banda Oriantal.

Zubillega, Calros y Romeo Pérez［1996］"La democracia atacada." En: Danilo Astori y Gerardo Caetano et al., *El uruguray de la dictadura (1973-1985)*, Ediciones de la Banda Oriental.

内田みどり［2010］「二期目に入ったウルグアイ左派政権：2009年大統領選挙・国政選挙の経緯」『ラテンアメリカ・レポート』27(1): 27-35.

内田みどり［2011］「2010年ウルグアイ地方選挙」『和歌山大学教育学部紀要』人文社会科学篇，61: 47-53.

エル・オブセルバドール紙　http://www.elobservador.com.uy/

佐藤美季［2005］「ウルグアイにおける左派政権誕生：脱ネオリベラルを目指すバスケス政権」『ラテンアメリカ・レポート』22(1): 42-52.

佐藤美季［2007］「ウルグアイ・バスケス政権の中間評価：左派政権の挑戦」『ラテンアメリカ・レポート』24(2): 39-48.

選挙裁判所　http://corteelectoral.gub.uy/

レプブリカ紙　http://www.larepublica.com.uy/

第6章

CEP［2008］*Estudio nacional de opinión pública, 57, junio 2008*（http://www.cepchile.cl/dms/archivo_4140_2235/encCEP_jun2008.pdf，2008年7月17日最終閲覧）.

CEP［2009］*Estudio nacional de opinión pública, 59, mayo-junio 2009*（http://www.cepchile.cl/dms/archivo_4397_2495/encCEP_may-jun2009.pdf，2010年3月29日最終閲覧）.

CEP［2013］*Estudio nacional de opinión pública, 70, septiembre-octubre 2013*（http://www.cepchile.cl/dms/archivo_5388_3457/encuestaCEP_sep-oct2013.pdf，2014年5月3日最終閲覧）.

CERC［2008］*Informe de prensa, encuesta nacional, septiembre de 2008*（http://www.cerc.cl/Encuestas/08SEP.pdf，2008年11月1日最終閲覧）.

CERC［2009］*Informe de prensa, encuesta nacional, diciembre de 2009*（http://www.cerc.cl/Encuestas/09DIC.pdf，2010年2月21日最終閲覧）

CIEPLAN, Libertad y Desarrollo, PNUD, ProyectAmérica y CEP［2008］*Estudio nacional sobre partidos políticos y sistema electoral, Marzo-Abril 2008*（http://www.cepchile.cl/dms/archivo_4105_2204/Enc_Partidos-Politicos_Mar-Abr2008.pdf，2011年8月21日最終閲覧）.

Garrido, Carolina［2009］"Selección de candidatos parlamentarios en Chile: efecto del sistema electoral y del peso político de los aspirantes." Navia, Patricio, Mauricio Morales y Renato

Briceño (eds.) *Genoma electoral chileno: Dibujando el mapa genético de las preferencias políticas en Chile*. Santiago: Ediciones Universssidad Diego Portales.

Huneeus, Carlos [2010] La derrota de la Concertación y la alternancia de gobierno en Chile, ARI no.23/2010 (Real Instituto Elcano) (http://www.realinstitutoelcano.org/wps/wcm/connect/feb952804137d3869747f76d616c2160/ARI23-2010_Huneeus_derrota_Concertacion_alternancia_Chile.pdf?MOD=AJPERES&CACHEID=feb952804137d3869747f76d616c2160, 2010年3月22日最終閲覧).

Libertad y Desarrollo [2008] *Elecciones municipales 2008: Resultados, expectativas y desafíos pendientes* (http://www.lyd.com/lyd/controls/neochannels/neo_ch3864/deploy/893%20municipales.pdf, 2010年2月26日最終閲覧).

Libertad y Desarrollo [2009] Elecciones parlamentarias 2009: Un nuevo congreso, *Temas públicos*, 948, 18 de diciembre de 2009 (http://www.lyd.com/lyd/controls/neochannels/neo_ch3864/deploy/tp948eleccion2009.pdf, 2010年2月20日最終閲覧).

Pastor, Daniel [2004] "Origins of the Chilean Binominal Election System." *Revista de Ciencia Política*, 24(1): 38-57.

Pizarro, Crisóstomo [1995] "La primera reforma tributaria durante el gobierno de transición: Concertación y debate", Crisóstomo Pizarro, Dagmar Raczynski y Joaquín Vial (eds.) *Políticas económicas y sociales en el Chile democrático*. Santiago: CIEPLAN: 93-128.

Rose Kubal, Mary [2010] Challenging the Consensus: The Politics of Protest and Policy Reform in Chile's Education System. In: Silvia Borzutzky and Gregory B. Weeks (eds.) *The Bachelet Government: Conflict and Consensus in Post-Pinochet Chile*. Gainesville: University Press of Florida: 117-135.

Schmidt-Hebbel, Klaus [2006] "El crecimiento económico de Chile." *Banco Central de Chile, Documentos de Trabajo*. 365.

Siavelis, Peter [2005] "La Lógica oculta de la selección de candidatos en las elecciones parlamentarias chilenas." *Estudios Públicos*, 98 (Otoño): 189-225.

Vacs, Aldo C. [2010] Paved with Good Intentions: The Bachelet Administration and the Decline of Consensus. In: Silvia Borzutzky and Gregory B. Weeks (eds.) *The Bachelet Government: Conflict and Consensus in Post-Pinochet Chile*. Gainesville: University Press of Florida, pp. 215-222.

Valenzuela, J. Samuel [2005] "¿Hay que eliminar el sistema binominal? Una propuesta alternativa." *Revista Política*, 45: 53-66.

Weyland, Kurt [1997] "'Growth with Equity' in Chile's New Democracy?" *Latin American Research Review*, 32(1): 37-67.

浦部浩之［2000］「チリ大統領選挙―与党連合の辛勝と有権者意識の変化」『ラテンアメリカ・レポート』17(1): 2-15.

浦部浩之［2007］「堅実だがきわめて緩慢なチリにおける正義の追求―軍政が用意した法的枠組みが維持されたことの効果と制約」『マテシス・ウニウェルサリス』9(1): 79-97.

浦部浩之［2008］「2005/06年チリ大統領・議会選挙―選挙制度がもたらした政治構図とコンセルタシオン政権持続の意味」『地域研究』8(1): 176-198.

浦部浩之［2010］「2009/10年チリ大統領・国会議員選挙―市民の政治離れと右派の勝利」『ラテンアメリカ・レポート』27(1): 14-26.

索引（事項・国名／人名）

■ 事項・国名

1886年憲法（コロンビア）　60
1891年憲法（ブラジル）　104
1973年クーデター（ウルグアイ）　124
1978年憲法（エクアドル）　27
1988年憲法（ブラジル）　109, 117
1991年憲法（コロンビア）　48
2008年憲法（エクアドル）　36
2011年選挙（ペルー）　87, 92, 94
2012年米州サミット　61
21世紀の社会主義（Socialismo del siglo XXI　エクアドル）　34
BRICS　14, 103

アウトサイダー　9
アカウンタビリティ制度　20
アメリカ合衆国の覇権低下　4
アルゼンチン経済危機　131
アレキパ事件（ペルー）　81
暗殺　66-67
アンデス高地部　40
右翼非合法武装勢力　13, 45 →非合法武装組織
ウルグアイ　10, 15-16, 121
運動と統治のジレンマ　25, 39-40
エクアドル　6, 10, 12, 25-26
　エクアドル先住民開発審議会（CODENPE）　32 →先住民運動
　エクアドル先住民連合（CONAIE）　24, 27, 32
　エクアドル福音派先住民連盟（FEINE）　32
エスニック政党　12 →政党
エリート支配　19, 104, 117, 148
汚職問題（ブラジル）　116
穏健左派　5, 114

外国資本の投資　5
カウディジョ（政治的有力者）　83
格差→社会的亀裂
寡頭制の鉄則　19
カレンシーボード制（エクアドル）　27
環境NGO　39
急進左派　5, 12, 18
キューバ　18

キューバ革命　50, 105
教育改革（ウルグアイ）　134
緊急社会問題に関する国家計画（PANES　ウルグアイ）　136, 139
緊縮・構造調整型の政策　31
金融危機（ブラジル）　113
グアテマラ　5-6
軍事政権　8, 105-106
　ウルグアイ　121, 124
　チリ　145
　ブラジル　106
軍政によるネオリベラリズム改革　8
経済
　経済格差の慢性化→ミクロ経済の悪化
　経済危機　7
　経済の安定化　5, 11
　経済の不安定化　13
ゲリラの社会復帰→和平プロセス
権威主義体制　4, 11, 17, 40, 84, 105
合意形成型民主主義　19
合意と了解の政党政治　19 →政党政治
工業化（ブラジル）　105
鉱山開発　14, 95
　鉱山開発をめぐる社会紛争　81
「公正・和平」法（コロンビア）　57-58 →和平プロセス
構造改革　5, 45
公平のための計画（ウルグアイ）　136
国内武力紛争　13, 17, 45 →非合法武装組織、和平プロセス
個人政党　13, 117 →政党
コスタ住民優遇政策（ペルー）　78
国家介入主義／国家主導型発展モデル　3-4, 6, 9, 11, 27, 71, 114, 122 →市場経済モデル
国家近代化法（エクアドル）　28
国家統一社会党（U党　コロンビア）　54
個人所得税（ウルグアイ）　136
コモディティ輸出経済　18, 72, 114-116 →第一次産品輸出
コレヒアード制（ウルグアイ）　122
コロンビア　5, 10, 13, 17, 45
コンガ紛争（ペルー）　95-96
コンセンサス政治（チリ）　148-151, 167 →政

索引　181

党システム
コンセルタシオン（チリ）　145, 154-155 →政党システム

左傾化現象　3, 7
左派　5, 7, 11, 13
左翼ゲリラ　13, 45, 47, 50, 52 →非合法武装集団
　左翼ゲリラの合法政党化　66
市場経済モデル　3, 4, 16, 27 →国家介入主義／国家主導型発展モデル
市場メカニズム　18
「滴り落ち」理論　76
失業→社会的亀裂，ミクロ経済の悪化
ジニ係数　5, 76 →ミクロ経済の悪化
市民革命（エクアドル）　34
市民社会の活発化　20
市民社会や国民による監視　20
社会運動／市民運動　12, 25, 29, 37
　社会運動なき左派　37
社会サービス　118
社会正義　16
社会的亀裂　3, 5, 7, 14, 17, 49, 72, 76, 78, 80-82, 88, 115, 133
社会の原子化　84-85
社会紛争→社会的亀裂
社会民主主義思想　15-16, 137
自由主義　71
自由と平等のバランス　18-19
小党分裂傾向→政治システム
承認，共有あるいは黙認される行動定型，規範，ルール，合意，了解事項としての制度 →制度
新興政党→政党
水道民営化問題（ウルグアイ）　128-130
「生活のための動員」（エクアドル）　27
政治
　政治の"開放"政策（コロンビア）　55
　政治の断片化　85, 87
　制度化しない政治　72, 82-83
政治家の自己統制　20
制度　16
　承認，共有あるいは黙認される行動定型，規範，ルール，合意，了解事項としての制度　16, 71, 83
制度化　83
　制度化しない政治（ペルー）　72, 82-83
　選挙競合の制度化　7 →選挙
政党／政党連合　11, 71
　エスニック政党　12
　個人政党　13, 117

新興政党　25-26
二大政党制　10
民意集約型政党　20
政党間競争の高まり　20
各国の政党／政党連合
　【アルゼンチン】
　　ペロニスタ党　9
　【ウルグアイ】
　　コロラド党　10, 121-122
　　拡大戦線　121, 123, 130, 135, 139
　　国民党　121-122
　【エクアドル】
　　RED（Red Etica y Democracia）　36
　　UDC（Unión Demócrata Cristiana）　36
　　愛国協会党　31
　　エクアドル・ロルドス党　28
　　キリスト教社会党　28
　　人民民主党　28
　　左翼民主党　28, 31
　【コロンビア】
　　国民戦線　47
　　国民統一党　59, 61, 64
　　左派諸政党　66-67
　　自由党　46, 54
　　祖国同盟　25, 33, 38
　　保守党　46, 54
　　民主中道　64
　　民主の極　64
　　もう一つの民主の極　54
　　労働者革命党　50
　【チリ】
　　キリスト民主党　152
　　国民革新　153
　　独立民主同盟　152
　　民主主義のための党　152
　【ブラジル】
　　ブラジル社会民主党　103
　　労働者党　103
　【ペルー】
　　アプラ党　87
　　「可能なペルー」党　87
　　キリスト教人民党　84
　　国民連帯　87, 89
　　人民行動党　84
政党システム　9
　政党システムの危機（不安定化）　9, 25, 29, 151
　政党システムの再編　26, 40
　コンセンサス政治（チリ）　148-151, 167
　コンセルタシオン（チリ）　145, 154-155,

158-160
　　小党分裂傾向（ブラジル）　108-109
　　二大政党／二大政党制　10, 13, 45-46, 49
　　ポスト 1979 政党システム（エクアドル）
　　　29
　　ポスト二大政党制（コロンビア）　54, 65
政党政治　10
　　政党政治による民主主義　4
　　政党政治の安定化／不安定化　12, 15, 45
　　合意と了解の政党政治　19
政労使三者協議（ウルグアイ）　135
石油ポピュリズム（エクアドル）　35
セグリゲーション　133
選挙　70
　　選挙管理機関（ペルー）　6
　　選挙制度（チリ）　149
　　選挙の形骸化　167
　　選挙変易性　8
　　選挙競合の制度化　7→制度
「選挙に関する準憲法組織法」（チリ）　149
全国選挙審議会（エクアドル）　36
全国紛争被害者補償・和解委員会（コロンビア）　58→和平プロセス
先住民運動　12, 18, 24, 30, 39
　　先住民運動の内部対立　31
千日戦争（コロンビア）　46→国内武力紛争

第一次産品輸出　6, 7, 14, 88→コモディティ輸出経済
　　第一次産品輸出ブーム（ペルー）　74
対外債務　4
代表制民主主義の制度的後退　6
「脱植民地」政策（ボリビア）　18
「多民族国家の建設」政策（ボリビア）　18
多民族国家の民主政府プラン（エクアドル）　32
多様性（diversidad）理念（エクアドル）　32
地域間格差→社会的亀裂
中央集権的な体質（チリ）　159
中道右派　17
長期政権　6
チリ　6, 10, 16, 145
投票制度（チリ）　166
ドル化政策（エクアドル）　28, 34
南米統合連合（UNASUR）　35
二大政党／二大政党制　10, 13, 45-46, 49
　　ウルグアイの二大政党　121
　　コロンビアの二大政党　48
　　ブラジルの二大政党　106
　　二大政党制と非合法武装組織の存在　50

　　エリートによる排他的な二大政党制　46
　　ポスト二大政党制（コロンビア）　54, 65
二名制（チリ）　148-152, 156, 158, 167-168
人間開発指標　78
ネオ・コーポラティズム的政策（ウルグアイ）　135
ネオリベラリズム　3, 8, 11
　　ネオリベラリズム改革と政党　9
　　ネオリベラリズム改革と選挙変易性　8→選挙変易性
　　「ネオリベラリズムの解体」政策　18
　　ネオリベラリズム批判勢力　11
　　軍政によるネオリベラリズム改革　8
　　文民政権によるネオリベラリズム改革　8, 45
　　ポストネオリベラリズム　3
農業開発法（エクアドル）　27
農民社会保険加盟者全国連合（エクアドル）　38

ハイパーインフレ　4, 5, 11, 13, 74, 103, 112
バグア事件（ペルー）　81
バジスモ　15, 16, 121, 137-138, 141→社会民主主義
パチャクティック新国家多民族統一運動（エクアドル）　12, 25, 29-30, 38
パラミリタリー→右翼非合法武装勢力, 非合法武装組織
バランス→自由と平等のバランス
反政府武装集団→非合法武装組織
「被害者補償および土地返還法」（コロンビア）　60→和平プロセス
被害者補償基金（コロンビア）　58→和平プロセス
非合法武装組織　13, 46, 49-50, 52, 55-56, 123
　　右翼非合法武装勢力　13, 45
　　左翼ゲリラ
　　【ウルグアイ】
　　　　ツパマロス　123
　　【コロンビア】
　　　　4月19日運動　50
　　　　解放人民軍　50
　　　　キンティン・ラメ武装運動　50
　　　　国民解放軍　50, 65
　　　　コロンビア革命軍　49, 62-63, 65
　　　　コロンビア自警団連合　51
　　　　南部ブロック　49
　　　　パラミリタリー　13, 44-45, 51-53, 56-57, 60→右翼非合法武装勢力
　　　　マルケタリア共和国　49

索引　183

批判勢力　11
平等の実現　16, 18-19
「平等を伴う成長」戦略（チリ）　145
開かれた民主主義（コロンビア）　48
貧困→社会的亀裂
ブラジル　6, 10, 14, 16, 103
「紛争終結及び安定的かつ持続的な平和の構築のための一般合意」（コロンビア）　62 →和平プロセス
分配の合意　17
文民政権によるネオリベラリズム改革　8
平和な革命（コロンビア）　48
ペソ切り下げ（ウルグアイ）　122
ベネズエラ　6, 10
ペルー　6, 10, 13, 17, 70-71
　　ペルー政治12年のジンクス　97
ペンギン革命（チリ）　164
暴力の拡大→社会的亀裂
ポスト1979政党システム（エクアドル）　29
ポスト二大政党制（コロンビア）　54, 65
ポストネオリベラリズム　3 →ネオリベラリズム
ポピュリズム　41, 114
ボリバル代替統合構想　34
ボリビア　6, 10, 17-18

マイナス成長　7
マクロ経済
　　マクロ経済政策　75, 85, 115
　　　　ペルー　74
　　マクロ経済の安定化　5
貧しい出自の政治リーダー　117
麻薬ビジネス　17, 51, 53, 58
マンタ基地提供協定（エクアドル）　34
ミクロ経済の悪化　5, 79 →社会的亀裂

水資源法（エクアドル）　39
水資源を守る全国会議（ウルグアイ）　129
ミルクコーヒー政治（ブラジル）　105
民意集約型政党　20 →政党
民営化　5, 126
　　民営化への反発　15
「民主化」　4
民主主義法典（エクアドル）　36
民主的安全保障政策（コロンビア）　55
民政移管　4, 8, 12, 104
　　ウルグアイ　125
「名簿内争い」（チリ）　152
メキシコ　5, 10, 20

ヤスニ-ITT イニシアティブ（エクアドル）　35
有権者登録制度（チリ）　161
有力者による個人支配としての政党（ペルー）　71 →政党
幽霊連合（エクアドル）　28
輸出志向工業化（ウルグアイ）　124
輸入代替工業化　4, 47, 122

ラ・ビオレンシア（政治暴力　コロンビア）　46, 49 →国内武力紛争
リーダーシップ　18
レアル計画（ブラジル）　112
和平プロセス　17, 45, 49, 52, 57
　　ゲリラの社会復帰　17
　　「公正・和平」法（コロンビア）　58
　　和平模索委員会（コロンビア）　57
　　コロンビアの和平プロセス　45, 56, 59, 62, 64
「我々はペルーである」運動　87

■人名

ウマラ，オジャンタ　14, 94
ウリベ，アルバロ　13, 45, 49, 54-55
オルドーニェス，ホセ　15, 121-122, 137-138
カストロ，フィデル　18
ガビリア，セサル　47
ガルシア，アラン　71, 74
カルドーゾ，エンリケ　17, 103, 112
グティエレス，ルシオ　31
コレア，ラファエル　12, 27, 29, 33
コロル，フェルナンド　109
サントス，ファン・マヌエル　13, 45, 49, 59-60

トレド，アレハンドロ　71
ノボア，アルバロ　28
バチェレ，ミシュル　158, 168
ピニェラ，セバスティアン　165
ピノチェト，アウグスド　145
フェブレス，レオン　26
フジモリ，アルベルト　13, 71, 74, 84
マワ，ハミル　28
ムヒカ，ホセ・アルベルト　139
モラレス，エボ　18
ルーラ，ルイス・イナシオ　17, 103

【編者】

村上勇介（むらかみ　ゆうすけ）　序章，第 3 章，および第 4 章担当
1964年生まれ　京都大学地域研究統合情報センター准教授
ラテンアメリカ地域研究，政治学専攻
最近の業績は，*Perú en la era del Chino: la política no institucionalizada y el pueblo en busca de un salvador*（2 a. edición），（Instituto de Estudios Peruanos, 2012），*América Latina en la era posneoliberal: democracia, conflictos sociales y desigualdad*（editor），（Instituto de Estudios Peruanos, 2013）他。

【執筆者】

新木秀和（あらき　ひでかず）　第 1 章担当
1963年生まれ　神奈川大学外国語学部准教授
ラテンアメリカ地域研究・現代史専攻
最近の業績は『先住民運動と多民族国家―エクアドルの事例研究を中心に』（御茶の水書房，2014年），『エクアドルを知るための60章［第 2 版］』（編著，明石書店，2012年）他。

千代勇一（せんだい　ゆういち）　第 2 章担当
1969年生まれ　上智大学イベロアメリカ研究所準所員
開発人類学，ラテンアメリカ地域研究専攻
最近の業績は「違法作物に翻弄される人々―コロンビアにおけるコカ栽培の実践とその政治性」池谷和信編『生き物文化の地理学』（海青社，2013年），「プラン・コロンビア再考―コロンビアにおける麻薬対策の軍事化とその意味」『海外事情』59巻 5 号（2011年）他。

住田育法（すみだ　いくのり）　第 4 章担当
1949年生まれ　京都外国語大学外国語学部教授
ブラジル地域研究，歴史学専攻
最近の業績は，「軍政下ブラジルの記録映画に描かれたヴァルガスのカリスマ性」京都外国語大学京都ラテンアメリカ研究所『紀要』11号（2011年），『ブラジルの都市問題―貧困と格差を越えて』（監修・萩原八郎他と共編，春風社，2009年）他。

内田みどり（うちだ　みどり）　第 5 章担当
1961年生まれ　和歌山大学教育学部教授
比較政治学，ラテンアメリカ政治専攻
最近の業績は，「2 期目に入ったウルグアイ左派政権―2009年大統領・国政選挙の経緯」『ラテンアメリカ・レポート』27巻 1 号（2010年），「ウルグアイにおける歴史の政治的利用―軍政の責任をめぐって」『法政理論』（新潟大学）45号 3 号（2013年）他。

浦部浩之（うらべ　ひろゆき）　第 6 章担当
1965年生まれ　獨協大学国際教養学部教授
ラテンアメリカ地域研究，政治学専攻
最近の業績は，「2013年チリ大統領・国会議員・州議会議員選挙―有権者自動登録・自由投票制の導入と中道左派政権への回帰」『マテシス・ウニウェルサリス』16巻 1 号（2014年），「ラテンアメリカの都市化と住宅問題―チリの事例を中心に」雨宮昭一・福永文夫・獨協大学地域総合研究所編『ポスト・ベッドタウンシステムの研究』（丸善プラネット，2013年）他。

21世紀ラテンアメリカの挑戦──ネオリベラリズムによる亀裂を超えて
（地域研究のフロンティア　5）
　　　　　　　　　　　　　　　　　　　　©Yusuke Murakami 2015

2015年3月30日　初版第一刷発行

	編　者	村　上　勇　介
	発行人	檜　山　爲次郎
発行所		京都大学学術出版会

　　　　　　　　　　　京都市左京区吉田近衛町69番地
　　　　　　　　　　　京都大学吉田南構内（〒606-8315）
　　　　　　　　　　　電　話（075）761-6182
　　　　　　　　　　　FAX（075）761-6190
　　　　　　　　　　　URL http://www.kyoto-up.or.jp
　　　　　　　　　　　振　替 01000-8-64677

ISBN978-4-87698-900-3　　　　印刷・製本　亜細亜印刷株式会社
Printed in Japan　　　　　　　　定価はカバーに表示してあります

本書のコピー、スキャン、デジタル化等の無断複製は著作権法上での例外を除き禁じられています。本書を代行業者等の第三者に依頼してスキャンやデジタル化することは、たとえ個人や家庭内での利用でも著作権法違反です。